小人職場厚黑心理學

李宗吾 著

「厚」——不能過於遲鈍
「黑」——也不能不擇手

區別小人與君子是智慧，別人盡可以說出一千種一萬種區別的方法，
但誰也不能保證小人沒有一千零一種或一萬零一種的表現！

我們所講的「黑」，絕不是提倡心黑手辣，行惡人間。
而是用更妥當的方法去解決你所面對的問題，獲得你該獲得的利益。

永續圖書線上購物網
讀品文化事業有限公司
www.foreverbooks.com.tw
yungjiuh@ms45.hinet.net

POWER 系列 53

提防小人：職場厚黑心理學

原　　著　李宗吾
出 版 者　讀品文化事業有限公司
責任編輯　楊子軒
封面設計　林鈺恆
內文排版　王國卿

總 經 銷　永續圖書有限公司
TEL ／(02)86473663
FAX ／(02)86473660
劃撥帳號　18669219
地　　址　22103 新北市汐止區大同路三段 194 號 9 樓之 1
TEL ／(02)86473663
FAX ／(02)86473660
出 版 日　2019 年 01 月

法律顧問　方圓法律事務所　涂成樞律師
CVS 代理　美璟文化有限公司
TEL ／(02)27239968
FAX ／(02)27239668

國家圖書館出版品預行編目資料

提防小人：職場厚黑心理學／李宗吾原著.
--初版. --新北市 ： 讀品文化, 民 108.01
面； 公分. -- （POWER 系列：53）
ISBN 978-986-453-089-2 (平裝)
1. 應用心理學　2.職場成功法
177　107020044

序言

李宗吾（一八七九～一九四四），四川人，早年加入同盟會，長期從事教育工作，四川大學教授，歷任中學校長、省議員、省長署教育廳副廳長及省督學等職。他是厚黑學的創始人、發明者，被譽為「影響二十世紀中國的二十位奇才怪傑」之一。

二〇〇九年一部大陸電視劇《潛伏》掀起了一陣熱烈討論，除了劇情結構緊湊和角色設定的出色，這部劇裡反應的「權謀文化」也引起了很多人心中的共鳴，隨著電視劇被不斷關注，有一個主題占了主流—「辦公室政治」。有人從劇中錯綜複雜的敵我關係、笑裡藏刀的權謀爭鬥中總結出了一套詳盡的所謂職場攻略。

有人從《潛伏》中看出職場厚黑學，這並不奇怪，但觀眾應該明白的是，這些人並非是余則成的「同事」，而是他的敵人。

所謂的厚黑學，並不是挖空心思對付自己身邊的朋友、同事、主管，真正的厚黑學是一種行事智慧，知己又知彼，你可以不厚黑，但是當你遇到厚黑的人你可以有辦法去應對。這才是行走於社會必備的人生智慧。正如李宗吾先生所說：「我們熟讀《厚黑學》，就知道又厚又黑的人到處都有，在應付世事的時候，就不會被厚黑之輩愚弄了。同樣是一個厚黑，用它來圖謀自己的個人私利，是極端卑劣的行為，用它謀劃大眾的公利，是至高無上的道德。」

誠然，臉皮厚的人，雖然被明哲之士所不屑和輕視，但卻是每個想要成功的人，不得不具備的一項條件。所謂「能力夠更要臉皮厚」，為人處世非有「厚」的功夫不可。如果為人內向木訥，不能忍受各種在處世交往中的各種「規則」，過於顧及自己的虛榮心，就不能夠與他人和諧相處，更不可能抓住機會發揮自己，即使本身有出眾的才智，也會淹沒在芸芸眾生裡面，這真可謂有志者，竟一事無成了。

而我們所講的「黑」，絕不是提倡心黑手辣，行惡人間。而是用一種更妥當的方法去解決你所面對的問題，獲得你該獲得的利益。正如「厚」不能過於遲鈍，「黑」也不能不擇手段。

我們要學習的「黑」，不是簡單的詭計多端、狡詐陰險，它更包容了睿智、謀略與高瞻遠矚的深刻內涵。誰要想充分實現自我的價值與能力，誰就要擁有較別人更多的智慧與韜略，這是現代人要成功所必需的。

厚黑學的學問高深，切不可自以為聰明，須知天外有天，人外有人，聰明反會被聰明所誤，厚黑學的思想，不可等閒視之。如果能夠潛心學習，為我所用，則能悟出人生的非常之道，為人的技巧，處世的智慧皆能遊刃其間。

本書有李宗吾先生厚黑學詳細的解析，其中智慧，讀者可學一反三，在之後的人生變幻中靈活運用，為人處世必能得心應手。

CONTENTS

4. 捧人求人法

5. 送禮求人法

CONTENTS

厚黑學

1

又厚又黑的同事相處之道

01 背靠大樹好乘涼

職場上有一句話，叫做大樹底下好乘涼。的確，在你的背後，要是有個顯赫人物為你撐著，你的人生旅途自然暢通無阻。這就要求你要有一雙洞察世事的眼睛。

清朝康熙帝在位時，當時最大的奸臣是明珠。明珠幼年在宮中當過侍衛，與康熙的關係比較接近。正由於這層關係，明珠仕途一帆風順，鼎盛期官至兵部尚書。

吳三桂自請「撤藩」，朝中大臣多有慰留之意。明珠附和康熙的意見，主張下旨「撤藩」，看看吳三桂敢不敢反。從此以後，康熙更是對明珠歡喜不已。

明珠得勢以後，與其最親密的走狗余國柱開始大肆賣官，中飽私囊。凡是各省的總督、巡撫、布政使、按察使等等重要位置一有空缺，他們便向有意者大肆索賄，直到滿足他們的慾望為止。日子久了，明珠的財富也就堆積如山了。

而且，明珠還進一步控制那些檢察官員，進而以鉗制百官。他將所有新上任的檢察官員找來，令他們訂下密約，答應所有向皇帝上的奏章，事先一定拿來給自己過目。

這樣，明珠不僅得寵於皇上，控制百官，還控制著整個檢察機構。國家機構對他已是沒有任何的約束力，一時權傾朝野。寵臣太過，就必然會為患於朝廷。大智如康熙者，不曾明眼辨奸，實為憾事。

等到明珠最終一日被人告發，康熙也僅僅是免了他的大學士之職，並且，還是很不忍心的。過了不久，康熙又把他招來身邊，充任「內大臣」！

明珠是個可憎可惡之人，我們可以從他成功的背後去尋找答案。他要不是有康熙這棵大樹為他擋住烈日、擋住狂風、擋住暴雨，他早已是滿朝文武的眾矢之的，身首異處了。

明珠的官道暢通之法，不可為我們所效仿。但是，我們也可從中受到一些啟發。如果在你的工作中，遇到那些十惡不赦之人，而他們又羽翼豐滿、勢力強大，要剷除他們，你也只有背靠大樹才能達到目的了。

在政界和商界交往中，把極有號召力的旗號拉扯過來，當成虎皮，用來騙人和嚇人。這是一種官場上的「厚黑」惡習，其根本目的是借局佈勢。特別是當某些人的力量很弱小、無力形成強大的聲勢時，常可以借助別人的旗號，佈置成有利於自己的陣勢。例如，秦末農民起義領袖項梁接受謀士范增的建議，找來已落魄成牧羊童的楚王之孫，尊為楚懷王。

楚懷王的出現，激起老百姓對秦朝統治者的反抗情緒，起義軍人數倍增，形成了埋葬秦朝的強大聲勢。這種做法就是典型的拉大旗做虎皮。在日常生活中，拉大旗做虎皮何止在政治領域中經常運用，就是在今天的商界也司空見慣。

有一個美國出版商，在總統身上大做文章，不僅推銷掉積壓的圖書，而且還取得了可觀的經濟效益。

一次，該出版商為倉庫裡堆積如山的圖書賣不出去而發愁，忽然他眉頭一皺，計上心來。過了幾天，他透過朋友送給美國總統一本樣書。後來，總統看到了這本書，只瀏覽了幾頁，便漫不經心地說：「這本書不錯。」出版商聞訊，利用總統這句話大做廣告，一個月內把積壓圖書全部賣光。

其後，又有一批圖書積壓，該出版商因嘗到了甜頭，給總統又寄了一本樣書。這一回，總統不給面子，評論說：「這本書糟透了！」於是，該出版商在廣告中大肆宣傳：「本公司有一本總統認為很糟糕的書出售！」不久，該書銷售一空。

幾個月後，該出版商又遇到了圖書積壓的難題，他像以前一樣如法炮製，寄給總統一本樣書。這一回，總統學聰明了，乾脆對他的書一言不發。於是，該出版商在廣告中寫道：「這裡有一本總統難以評價的書出售！」後來，所剩圖書轟然銷盡。

厚黑有理

在政界和商界交往中，把極有號召力的旗號拉扯過來，當成虎皮，用來騙人和嚇人。這是一種官場上的「厚黑」惡習，其根本目的是借局佈勢。

02 厚而無形，擇友要慎

小人最擅長的是阿諛奉承，他們這樣做的最終目的是為了從執權者身上得到回報，一旦他們取得執權者的信任或任命，就會很快地使自己的羽毛豐滿起來，到那時，他們的真實嘴臉就會暴露出來，說不定還會對有「知遇」之恩的執權者反咬一口。

所以，凡是誠心要做大事的人，一定要留意自己身邊一味順著自己的意志說好話的人，切不可因為他說的都是自己愛聽的話就重用他、提拔他，那樣做無異於養虎為患。

君子往往進諫一些忠言，有時聽得逆耳，但能領會到他是真心地幫助執權者去成就偉業，他們所期望的回報就是與你共用成功的喜悅，而絕不會有謀權篡位之野心。

所以，執權者要以自己身邊能夠常有一些君子而感到驕傲，能夠聽到批評之言是自己的福氣，也是成事業之必須。另外，君子如果敢於納諫直言，則說明執政者本身還沒有染上驕橫跋扈的壞習氣，沒有嚇得別人不敢開口。這樣，執政者那寬廣的胸懷和從善如流的好品質也會為世人所稱頌。

要想區別誰是小人誰是君子，千萬不能靠賞賜和加封晉升來達到目的。要知道，賞賜和加官晉爵是小人所追求的目的，為了達到這個目的，他們是不擇手段的，往往會蒙蔽執政者，偽裝成君子的樣子。

既然君子之志不在於封賞，那麼在君子做出業績之後，你可發揮表揚、激勵的方法，讓他感受到你的信任、欣賞，這就足夠了。如果過了一段時間，他沒有因為你不提拔他而鬧情緒，那麼說明他具備了真君子的條件，到那時，你盡可以放心大膽地任用他，不用擔心他會帶給你小人的煩惱。

區別小人與君子是智慧，別人盡可以說出一千種一萬種區別的方法，但誰也不能保證小人沒有一千零一種或一萬零一種的表現，所以只有整頓風紀、弘揚激勵機制、打好人才基礎，進而用孫悟空般的火眼金睛去觀察周邊的人與事，才會達到你最滿意的效果。

人世間，珍貴而偉大的感情是友情。友情像春風，撫慰人們心靈的花朵；友情又像甘露，滋潤人們心靈的田野；友情還像大樹，護佑人們生命的大道，遮擋住讒言的狂風、是非的暴雨。我們既然交了朋友，就要常懷一顆幫助朋友之心，使朋友感到友情的存在，感到友情的溫暖與善良。

幫助朋友是一件非常有意義的事，但怎樣幫才幫得更有意義，這似乎值得探討。當朋友處境貧寒時，讓我們拿出一些財物來幫助朋友。這對於讓朋友渡過一時的難關比較有意義，但是，作為真正的朋友，你更應該想到他的今後。那麼，除了財物之外，幫助他安身立命才是更重要的。

安身的關鍵一是改變觀念，使他不要帶有「我是何種人，應該只做何種事情」的框框，把眼光放得更遠一些，想一想為了達到目標，除了捷徑之外還有曲徑，曲徑能通幽，也照樣能達到目標；安身的關鍵之二是改變位置，要使他明白自己的境地是死地，只有從被動地等待中解脫出來，變為主動進攻，才能從根本上走出困境；立身的關鍵之三是改變形象，使他徹底消除自卑的心理，去勇敢地面對未來，大膽地迎接命運的挑戰。有了這三個立身之寶，還怕朋友擺脫不了厄運的枷鎖嗎？

當朋友身居高位的時候，往往是花團錦簇、榮華富貴，在這種情況下，他需要朋友幫什麼呢？主要是幫他立德。

立德的關鍵之一是戒傲。防止因驕傲自滿而放鬆自我修養，防止因居高臨下而輕慢他人，更防止因有權有勢而惹是生非；立德的關鍵之二是揚名，位置越高越容易招來人們的議論，議論中必然有褒獎和貶抑，作為朋友，應該幫助他樹正名，維護他的威信；立德的關鍵之三是批評，人所處的位置越高，越不容易聽到反面的聲音，作為朋友，如果關心他，就應該經常對他進行批評和提醒，使他保持清醒的頭腦。有了這三項立德之要素，還怕朋友的高位不牢固嗎？

厚黑有理

世界上的事情沒有真正的是與非，它們不過是依人的喜好或厭惡為標準，凡是徇私枉法者都養了一批小人。

03

置身事外靜觀其變

在生活和工作的圈子裡，是是非非幾乎每天都會發生。可能你是個很有正義感的人，忍不住要挺身而出「匡扶正義」；也可能你是個外向型的人，眼裡看不過的事嘴上就要說出來；也可能你是個……。

但不管你是什麼樣的人，奉勸一句，是非不要輕招惹，是非背後麻煩多。

張三和李四平日是頗為要好的同事，最近竟然分別在你跟前數落對方的不是，然而兩人表面上依然友好。所以，你生怕兩面皆講好話，會被認為是兩頭蛇。其實，除了這點，你更該小心，因為另一個可能性是，他們是否在對你試探點什麼？

先講前一種可能。有些人心胸狹窄，十分小氣，又善妒，所以因為某些問題，令兩人發生心病，是不足為奇的，但表面上又不願意翻臉，故向較親近者傾訴心中不快，是自然不過之事。

你這個「夾心人」並不難做，同樣冷淡地對待兩人是妙法，對方發現沒有人同情，必然滿不是滋味，定會另找「有愛心之人」，那麼你就自動「撤離」了。

若發現兩人是另有用意旨在試探你對他倆的喜惡程度，你就該步步為營了。既然對方的動機不良，你亦不必過分慈悲，不妨還以顏色，分別跟他們說：「對不起，我的看法對你們並不重要呀！」這一招，他們必然無功而退。

有人請你做公事上的「和事佬」，你其實有不少應留意的要點。

你的上司之間有太多的微妙關係存在，大部分是亦敵亦友的，無論私交如何要好，既然是在競爭之下，他們就總是有數不完的鬥爭。今天，某甲跟某乙像最佳拍檔，在辦公室成了「哥兒們」，但很有可能幾天後兩人卻反目變成仇人了。

所以，某些人可能為了某些目標，希望化干戈為玉帛，以方便日後做事，但親自出面又太唐突，於是便找來「和事佬」。本來使人家化敵為友是一件好事，但做好事之餘，請做些保護自己的工作，亦即給自己的行動定一個界線。

有人請你做「和事佬」，你不妨只做飯局的陪客，或作為某些聚會的發起人，但不宜將責任往頭上冠，反客為主。你最好是對雙方的對與錯均不予置評，更不宜為某人去作解釋，告訴他倆「解鈴還需繫鈴人」，你的義務到此為止。

對上司不滿、對公司不滿，永遠大有人在，遇上有同事來訴苦，大指某人有意刁難他，或公司某方面對他不公平，你應該做到既關心同事的利益，又置身事外。

再如，同事與某人有隙，指出對方凡事針對他，甚至誤導他。

你或許會很有耐性地聽他吐苦水，聽他細說端詳，但奉勸你只聽，不問。尤其是切莫直問事件的前因後果，因為你一旦成了知情者，就被認定是當然的「判官」了，這就大為不妙了。

你只需平心靜氣開導他：「我看某人的心地不差，凡事往好處想，做起事來你會更開心的。」

要是對公司不滿，你的立場就比較複雜，站在公司的立場上是你應該的，但站到同事那邊雖是有害無益，可是，人家來找你，保持緘默實在不禮貌。不妨這樣告訴他：「公司的制度不斷改進，這次你覺得不公平，或許是新政策的過渡期，你不妨跟上司開誠佈公談一下，但犯不著堅持己見。」輕輕帶過才是上策。

一位向來忠心得很、已服務公司多年的同事，突然辭職，惹得眾說紛紜，不少同事還千方百計去細問當事人，誓要找出真相。

其實，知道了真相，對你有好處嗎？肯定沒有，壞處倒有一大堆。例如，你或許會無端捲入人事漩渦，曉得行政層的祕密對你的工作態度多少有些影響。還有，你更有可能被列為「異類分子」。

所以，過去的即將過去，不必去追究了；除非這同事向來與你頗投契，自動向你訴衷情，但你亦只宜做個聆聽者，萬萬不要做「播音筒」。

你應該做的是送上誠意的祝福，贈對方一件紀念品，當作紀念你倆的情誼吧！又或者，請對方吃一頓飯，當作餞別。

至於其他同事的行動，大可不必理會，也不必加以批評，這叫做獨善其事。

你本來就非好管閒事之輩，卻偏偏遇上一個愛訴苦的同事，叫你感到煩不勝煩。

老實說，你一萬個不想過問，連聽也不願意，就怕產生不必要的誤會，或者有後遺症，所以常常有進退兩難之感，卻苦於無法擺脫對方。

遇上這種「煩人」，既妨礙工作，又沒有好處。所以，你必須想辦法杜絕。

一、你可以藉口說忙

遇上對方單獨邀約午膳、下午茶等，一概以「忙得無法抽身」為理由推卻。凡想訴苦之人，情緒衝動，你一拖再拖，他肯定沒有耐性再等下去，這樣，你不是可以溜之大吉了嗎？

二、裝傻

一個善解人意的人，永遠會是一個好聽眾。但是如果你凡事聽不明白，頻頻反問對方，又沒有好主意，對方等於對牛彈琴，你以為他有什麼感受呢？

又或者你顯得心不在焉，漠不關心，牛頭不對馬嘴，對方也一定會無趣而退，另尋可分擔苦惱的人，於是，你無疑就脫離苦海了。

在公事繁忙的圈子裡，許多不妙情況是無可避免的。例如在一些商務午餐或晚宴上，許多時候就有以下情況發生：甲與乙有心病，見了面互不理睬，但兩人與你皆有一定的交情，必然會上前跟你交談、互道近況的。如果在同一時間，兩人分別朝你走過來，怎樣好呢？

比較理想的做法是，裝作看不到兩人，低下頭去挑杯飲品，或整理衣衫，看誰先走到面前，就跟誰說「你好」。既然兩人不和，乙若見到甲正跟你招呼，自然會卻步不前，那就能夠避免二人與你一起的情形出現了。

好了，當與這個人寒暄完畢，說過「拜拜」之後，請盡速主動找乙，忘記剛才跟甲有關的一切，只與乙盡情閒聊。

更糟的情況是，你發現給你安排的座位，剛好是夾在甲與乙中間。遇到這種情形，你怎樣做？你最好先發制人，去找主辦者，隨便說一個理由，請他替你調整另一個座位。總之，置身事外為妙。

最近，你發現自己處於十分尷尬的局面：兩個同事因私事交惡，互不理睬。而你就成了「夾心人」，成為兩人爭著拉攏的對象。

你本來深明公私分明之理，問題卻是兩位同事弄得混淆不清，致使你有點兒不知如何是好。中庸之法是，讓一切保持常態，就當作什麼事也沒有發生過吧。更清楚一點兒來說，進行任務時，心裡切莫以「這兩人不會合作，由我去做吧」為本，硬要自己做些不在行的事，結果費力不討好。事情本來應由誰去負責，就讓誰去執行吧，以免吃力不討好，甚至白白惹禍上身。

即使有人不願意，請提醒他：「這任務一向是你的工作範圍，仍由你去處理，效果一定更理想。」

要是對方索性請你代勞，怎麼辦？不妨表明立場：「我的職責不在此，恐怕對你有害無益，幫幫忙我是願意的，但重要決策還是由你決定吧！」

左右做人難是個常見的問題，應付這個問題有兩個辦法。第一盡可能避免陷入需要左右做人的環境，第二個辦法是設法避免。

厚黑有理

要避免「左右做人」，第一戒是要避開介入任何衝突的可能性；第二戒是要避免採取立場；第三戒是切忌選擇可能陷入衝突的鬥爭地位；第四戒是切忌做任何事的公證人；第五戒是即使已陷入左右做人之局，也要想辦法使出「緩兵之計」，以圖脫身。

04 凡事不要斤斤計較

職場上常常有這樣一種員工，他們斤斤計較自己的得失，為了一點小小的利益與同事爭破頭皮，從來不肯吃一點小虧。而他們似乎也因為自己的「聰明」而獲利不少：比如公司給員工發放一批福利品，最後剩下一件，某個精明的職員就會跳出來，以某種藉口將其據為己有，而其他同事也不好意思說什麼；又或上司分給部門一個臨時任務，這個員工一看任務有些麻煩，便藉故推給其他同事，自己則一身輕鬆……這樣的精明，表面上看起來似乎十分實用，實際上正是與同事相處中的一大禁忌。

在與同事相處的過程中，最怕的就是太過認真仔細、斤斤計較。相反，如果能夠在與同事相處時做到寬容別人，那麼就沒有處理不好的同事關係，沒有化解不了的恩恩怨怨。

不同的生活經歷、不同的興趣愛好、不同的文化背景和性格，由不同的人組合在一起，形成了一個個或大或小的團體。在這樣的環境裡要營造和諧的人際關係，對於每一個人來說，都是一個無法迴避的問題。

如果你要認真地計較的話，每天你隨便也可以找到四、五件生氣的事情。如：被人誣害、因同事犯錯而受連累、受人冷言譏諷等等。有人不即時發作，暗自把這些事情記在心裡，伺機報復，但這種仇恨心理，不單無法損害對方分毫，更會影響自己的情緒，自食其果。

在這個問題上，有些人處理得好，有些人處理得不好。於是我們經常可以看到，有些人受人歡迎，在職場中如魚得水，有些人卻四面樹敵，很難融入團體之中。為什麼會造成這樣的情況呢？

原因多種多樣，歸根究底就是，不同的為人處世原則導致了不同的同事關係的產生。有些人在與同事相處中，「利」字當頭，什麼虧都不能吃，什麼便宜都想占，工作挑輕的做，待遇往高處要，看別人時戴著顯微鏡，高標準、嚴要求，對自己就總是網開一面、另當別論。這樣的人怎麼會招人喜歡？又怎麼能擁有一個和諧的同事關係呢？

相反，如果能夠做到嚴格要求自己，在工作中與他人積極配合，在生活中與人為善，以寬闊的胸懷待人處世，以嚴格的標準要求自己，不為一點點的蠅頭小利與同事計較，這樣的人怎麼能不處處受到同事佩服和歡迎呢？

厚黑有理

在與同事相處中還是要本著「寬以待人、胸懷大度」的原則，儘量不要與同事計較瑣碎的利益，要目光長遠，寬容大度，才能有所作為，同時也能為自己和同事營造出一個良好的工作氛圍。

05 留得三分面，日後好為人

三國名將關羽，過五關，斬六將，溫酒斬華雄，匹馬斬顏良，偏師擒于禁，擂鼓三通斬蔡陽。「百萬軍中取上將之首，如探囊取物耳」。然而，這位叱吒風雲，威震三軍的一世之雄，下場卻很悲慘，居然被呂蒙一個奇襲，兵敗地失，被人割了腦袋。

關羽兵敗被斬的最根本原因是蜀吳聯盟破裂，吳主孫權興兵奇襲荊州。吳蜀聯盟的破裂，原因很複雜，但與關羽其人的驕傲有著密切的關係。

諸葛亮離開荊州之前，曾反覆叮囑關羽，要東聯孫吳，北拒曹操。但他對這一戰略方針的重要性認識不足。他瞧不起東吳，也瞧不起孫權，致使吳蜀關係緊張起來。關羽駐守荊州期間，孫權派諸葛瑾到他那裡，替孫權的兒子向關羽的女兒求婚，「求結兩家之好」，「並力破曹」，這本來是件好事。以婚姻關係維繫補充政治聯盟，歷史上多有先例。如果關羽放下高傲的架子，認真考慮一番，利用這一良機，進一步鞏固蜀吳的聯盟，將是很有益處的。但是，關羽竟然狂傲地說：「吾虎女安肯嫁犬子乎？」

不嫁就不嫁嘛，又何如此出口傷人？試想這話傳到孫權那裡，孫權的面子如何吃得消？又怎能不使雙方關係破裂？

關羽的驕傲，使自己吃了一個大大的苦果，被自己的盟友結束了生命。

俗話說：「蚊蟲遭扇打，只為嘴傷人。」以尖酸刻薄之言諷刺別人，只圖自己嘴巴一時痛快，殊不知會引來意想不到的災禍。

美國前總統富蘭克林年輕時很驕傲，言行舉止，咄咄逼人，不可一世，後來有一位朋友將他叫到面前，用很溫和的語言說：

「你從不肯尊重他人，事事自以為是，別人受了幾次難堪後，誰還願聽你矜持誇耀的言論。你的朋友將一個個遠離你。你再也不能從別人處獲得學識與經驗，而你現在所知道的事情，老實說，還是太有限了。」

富蘭克林聽了這番話後，很受感動，決心痛改前非。從那以後，他處處注意，言語行謙恭和婉，慎防損害別人的尊嚴和面子。不久，他便從一個被人敵視、無人願意與之交往的人，變為極受人們歡迎的成功人物。

驕傲自大，尖酸刻薄，最易傷人面子，謙卑待人，才能得到友誼。尖酸刻薄常見的有如下幾種情況：

一、貶損他人，抬高自己

李先生自我感覺非常良好，然而在公司人緣不好。因此他經常抱怨世態炎涼，責怪同事寡情。是真的世態炎涼同事寡情嗎？非也！原來是李先生自命不凡，每逢公司開會，年終考評，他都喋喋不休地貶損他人，以顯示自己「崇高的思想」、「卓越的才能」、「非凡的業績」。因此，同事們都覺得李先生太過分了，太不像話了。於是大家都不買他的帳，他陷入了孤家寡人的境地。

顯然，李先生人緣不好，其原因在於貶低他人，抬高自己。

有些人為了抬高自己、貶損他人竟達到了捏造事實的地步。儘管他所說的事實是捏造的，也頗能迷惑人。面對捏造事實的指責，受害人有口難辯，無可奈何。

例如，唐某與李某同去某地出差，採購一種緊缺物資。他們到某地時，當地已無貨供應，必須再等一個月才有貨。於是唐某與李某空手而歸。可是在向主管報告時，李某竟對主管說：「年輕人就是貪睡，那天早晨如果小唐早點起來，我們可能就買到貨了。」唐某說：「本來就沒有貨了啊，這與起早起晚有什麼聯繫呢？」主管連忙批評唐某說：「老李說得對啊！你應該接受，以後改正啊！」唐某聽了主管的責怪只有無可奈何地歎氣，還有什麼可辯解的呢？不過從此以後，唐某對李某敬而遠之了。主管再派他與李某一道出差，他都藉故推辭。

為什麼有些人會不擇手段地貶損他人、抬高自己呢？其原因顯然是出自於一種虛榮的心理和不服氣的心理。有些人為了充分地顯示自己的高明和非凡的價值，因此往往喜歡找參照物，自以為透過貶損他人，自己的高明和非凡的價值就充分地表現出來了。另外，有些人對於別人強於自己，心理極不平衡，於是透過貶損別人，說明別人並不強於自己，從而在心理上得到一種阿Q式的平衡。然而不管貶損他人、抬高自己出於何種心理，都是一種缺乏道德的行為。

二、拒絕他人，出語傷人

在拒絕別人的要求時，更要謹慎。否則一不注意，就會在無意間傷害對方，而造成無法彌補的遺憾。

有一個電視劇，內容敘述一群芭蕾舞演員應徵百老匯歌劇院的舞蹈主角，經過了幾天嚴格的審查過程，許多演員都被淘汰了。結果只留兩名，又經過一番審度，到了最後，其中一人又被淘汰了。當然，評審委員不能直言相告那位被淘汰的演員，於是對他說：「你的舞藝實在不錯，並且非常有潛力，將來的成就必定不可限量，但本劇所需的角色，可能不適合你。因為我們需要一位較為活潑的演員，與你的個性不太符合。但你不用擔心，我們還會有新的劇本，必定會有更好的角色等待你來發揮。希望你再繼續努力，等待我們的通知。」

這真是令人傷感的場面，被人拒絕是一件極悲痛的事，因為這往往顯示自己的能力無法獲得別人的認可，對一個人的傷害是可想而知的。不過那位芭蕾舞演員十分幸運，雖然沒有得到好的角色，雖然被淘汰了，但卻沒有因此傷及個人的自尊心，她心中的希望也並未因此而破滅。

三、求人不成，惡意報復

清代有個畫家，叫胡恭壽，住在華亭縣，在當地繪畫的名氣十分大。有一次，松江府的一位太守派僕人去請他作畫，當然是帶了銀子去的。

胡恭壽見僕人拿的銀子少，就對他說：「謝謝你家主人，我並不認得你家主人，只是必須按照我所規定的價格付酬，我才作畫。」

僕人回來把原話告訴太守，於是改天太守增加銀子，又叫僕人拿去求畫，胡恭壽就作了畫，送去太守府。

過些日子，太守請客，同時也邀請胡恭壽。胡恭壽不知是計，欣然前往。席間，太守假裝偶然與客人談起畫畫之事，並故意問客人：「我們這裡有位叫胡恭壽的，他的畫很有名氣，您知道這人嗎？」客人道：「不知道。」於是太守便把胡恭壽作的畫出示給客人看。

客人一看大叫：「快收起來，別拿這樣的畫來弄髒我的眼睛！這畫糟透了。」太守故意做出失望的樣子，說道：「唉！畫得不怎麼樣，可是他的架子卻特別的大。」客人說：「你被他騙了。」太守一聽十分生氣的樣子，立刻便把畫撕掉。隨即邀請客人到另一房間去坐，全然不去管胡恭壽。

胡恭壽仍漠然地坐在老地方，直到太守的僕人提醒他：「剛才主人的臉色，你看到了嗎？現在你也可以離開了。」說著這話，僕人拉著胡恭壽就往外走，胡恭壽跌跌撞撞地回去了。

厚黑有理

人與人之間原本沒有那麼多的矛盾糾葛，往往只是因為有人逞一時之快，說話不加考慮，隻言片語傷害了別人的自尊，傷害了別人的面子，讓人下不了臺，心中怎能不燃起一股怒火？有了機會，反咬一口，也是情理之中的事。

06 把榮譽留給別人

有一位大書店的經理，有一天從他的一個店員那裡收到一封令人吃驚的侮辱信。在這封信中，那店員說，他談不上喜歡、尊敬或討厭經理，他認為其經理是個無所作為的庸人，並希望副經理能取代他的職務。總之，這是一封非常惡毒的有意令他丟臉的信。

然而，真正驚人的卻不是這封信本身，而是這位經理對付這封信的辦法。

這位書店經理便是《福希斯》週刊的發行人比爾。他的副經理，原來就是與那位店員親近的人，名叫巴特。這封信原是寄給巴特的，而不是寄給比爾的，其用意很明顯，就是不願讓比爾看見此信。可是由於兩個頭常常互相拆閱商業信件，恰巧巴特又不在場，比爾便把這信拆開看了。比爾讀了這封驚人的信後，就帶著信一直跑到老闆那兒，老闆叫納拔，是許多家大公司的董事和股東。

比爾對納拔說：「我雖然是個沒有才幹的經理，但我果然能用到這麼好的一位副經理，連我的店員們都認為他超過我了。」比爾沒有常人遇到此境的半點嫉妒，沒有受到傷害的虛榮和憤怒，他只是自負他挑選的副經理是個能者。

就這樣，比爾把一塊碎磚變成了生輝的璧玉了。享成功之盛名的能者，是常常這樣做的。這原是一種祕術，得此訣者便能有忍人所不能忍的胸襟。他們對於精明過人的傑出屬下，便常常用這法子拉攏和操縱。

一般的凡夫俗子，對個性堅強、難以駕馭的人，不僅不會設法羅致，反而避之不及，生怕他們喧賓奪主，勝過自己。可是他們還常常說得不著真正的助手。這句話也許有一部分是對的，可是他們實際上並不需要真正的幹才。他們自己從未感到自己的不足，總以為世上只有他們能把事做好。因此，自我感覺總是那麼好，遠超出自己的實際能力和事業的結果之上。

孫臏和龐涓拜鬼谷子先生為師一起學習兵法。同學期間，兩人情誼甚厚，並結拜為兄弟，孫臏稍年長，為兄，龐涓為弟。

有一年，當聽到魏國國君以優厚待遇招求天下賢才到魏國做將相時，龐涓再耐不住深山學藝的艱苦與寂寞，決定下山，謀求富貴。龐涓到了魏國後，不久便侵入魏國周圍的諸侯小國，連連得勝，使宋、魯、衛、鄭的國君紛紛來到魏朝賀，表示歸屬。不僅如此，龐涓還領兵打敗了當時很強大的齊國軍隊！這一仗更提高了他的聲威與地位，魏國君臣百姓，都十分尊重他、崇拜他。

後來孫臏也來到魏國，先去看望龐涓，並住在他府裡。龐涓表面表示歡迎，但心裡很是不安、不快：唯恐孫臏搶奪他一人獨尊獨霸的位置。又得知自己下山後，孫臏在先生教誨下，學問才能更高於從前，十分嫉妒。

第二天兩人上朝。魏王對孫臏很敬重，「聽先生獨得孫武子祕傳兵法，才能非凡。我盼您來，幾乎到了如饑似渴程度。今天您終於來到敝國，我太高興啦！」接著問龐涓：「我想封孫臏先生為副軍師，與卿同掌兵權，卿以為如何？」

龐涓最忌諱的就是這種情況，暗自咬牙。表面上卻說：「臣與孫臏，同窗結義，孫臏是臣的兄長，怎麼能屈居副職、在我之下？不如先拜為客卿，待建立功績、獲得國人尊敬後，直接封為軍師。那時，我願讓位，甘居孫兄之下。」

魏王聽罷，很滿意龐涓的處世為人，便同意了。

但龐涓真的就是按照他說的做的嗎？恰恰相反，他處處為難其師兄，甚至用計謀千方百計要害死孫臏，結果被世人所不齒。

一般的「小」人物，便不能領會這其中的道理，動輒對能幹的部下疾惡如仇，這也實際是他被其下屬看不起的緣故。一個人越是把自己看得太重，希望別人一天到晚都圍著他團團轉，對他滿口的恭維和奉承，他就越是被部下看不起。真正的大人物往往善於放長眼光，注重結果，他們認為成功的結局，遠勝過一時的虛榮。

林肯在任美國總統期間，遴選內閣大員時，絕不以唯唯諾諾是從者委任，對於那些具有堅強意志難以操縱的人，他委以重任；甚至那些看不起他，曾經反對過他的人，他也盡力羅致。

他的陸軍總司令史丹唐，是位非常能幹的閣員，他就常罵林肯是「原始的大猩猩」，並把發生在貝爾倫地區的災禍，歸咎於他行政上的無能；還有林肯最得力的財政部長蔡斯，原來是個不喜歡林肯的人，並一度曾公開反對他。不管別人對他怎樣，林肯總是將那些能擔負重要責任的人兼收並蓄起來，為自己效力，由於林肯知道自己的弱點，所以他選錄的人都是能彌補他的弱點的人。

人們都認為德國在第一次世界大戰中莫茵一戰的失利，是其戰敗的重要因素。因為德皇威廉二世在全盛時期，不要任何人與其並駕齊驅，他只要對他唯命是從、諾諾謙恭的人；大戰初期，他的總參謀部裡幾乎全是這些人掌權，這是很明顯的事。

威廉二世的祖父，德皇威廉一世，行為與他的不幸的孫子恰巧相反。威廉一世對於氣焰囂張、不可一世的宰相俾斯麥，多年以來頗能相安共處，因為他知道俾斯麥堅強剛毅，具有強有力的鐵腕實力，能把普魯士和散漫的德國統一起來，成為世界強國。

迪克是西北國民銀行的主席，論到人生事業的成敗因緣，他有如下議論：「就我所知，一個領袖，四周總有不少意志堅強的人。如果他不敢用這班人做得力助手，害怕他們將其推翻取而代之，他便不配做一個領袖，亦不會成就大事業。在當今強手如林、競爭激烈的商業社會，如果僅靠一群鸚鵡去幹，怎能成大器呢?在一個蓬勃向上的公司裡，許多重要決議，是要由那些位置較低的人發表議論，並放手讓他們去幹的。這是我經商的經驗之談。」

那些勉強成名的人，通常不願意與比他的地位更高的人在一起相處。他不喜歡恭維抬舉人，只是瞧不起人，有時候與有聲望的人在一起，他雖以此沾沾自喜，以為自滿，但通常他們所選擇的心腹朋友，都是他所能示惠的人。因此，凡是真正能幫助他而有堅強意志的真才實學的人，他幾乎都與之絕緣了。

著名的發明家馬克沁曾凝練地概括了得人善待的處世準則：「人們想從別人身上獲得的東西，不外是兩種：一為頌揚恭維，一為善待支持。然而，要想在這個世界上立身行事，只好把頌揚割捨，以求別人的善待支持。因為他得到頌揚的同時，就有人嫉妒，而嫉妒便造成仇隙。」

當你選擇助手和朋友，以及和他們來往之際，你應該捨得犧牲自己的虛榮心，努力求得在某方面比你強的助手，參照他們的意見去做一些你自己沒有把握的事情。只要你肯放下架子，捨棄矜持與虛榮，你便能羅致一幫幹將為你的事業奮鬥。

厚黑有理

真正的強者，為了追求其堅定的人生價值，常常能夠犧牲自己的虛榮。因為他能屈尊降貴，所以他常能發現身邊能幹的助手，以及有能力和肯幫忙的朋友。記住：要使自己光榮，最有效的辦法，就是首先讓別人比你更光榮。

07 「忍術」不可或缺

漢初名將韓信年輕時家境貧窮，他本人既不會溜鬚拍馬，做官從政，又不會投機取巧，買賣經商。整天只顧研讀兵書，最後連一天兩頓飯也沒有著落，他只好背上家傳寶劍，沿街討飯。

有個財大氣粗的屠夫看不起韓信這副寒酸迂腐的書生相，故意當眾奚落他說：「你雖然長得人高馬大，又好佩刀帶劍，但不過是個膽小鬼罷了。你要是不怕死，就一劍捅了我；要是怕死，就從我褲襠底下鑽過去。」說罷雙腿架開，立了個馬步。

韓信認真地打量著屠夫，想了一想，竟然彎腰趴地，從屠夫褲襠下面鑽了過去。街上的人頓時哄然大笑，都說韓信是個膽小鬼。

韓信忍氣吞聲，閉門苦讀。幾年後，各地爆發反抗秦王朝統治的大起義，韓信聞風而起，仗劍從軍，爭奪天下威名四揚。

韓信忍胯下之辱而圖蓋世功業，成為千秋佳話。假如，他當初爭一時之氣，一劍刺死羞辱他的屠夫，按法律處置，則無異於以蓋世將才之命抵償無知狂徒之身。假如，他當初圖一時之快，與凌辱他的屠夫鬥毆拼搏，也無異於棄鴻鵠之志而與燕雀論爭。韓信深明此理，寧願忍辱負重，也不願爭一時之短長而毀棄自己長遠的前程。從這個角度來說，韓信是一個十分有自制能力的人。

作為領導者，要自制就得首先從提高自身素質出發。自身素質不高，忍耐力就不強，自制也難收到應有的效果。同時，在自制的過程中，也難免產生許多障礙。如何才能跨越這些障礙，增強自制能力，你不妨從幾方面去分析和體驗。

來自目標不正確的障礙。這是控制中的最大障礙，需要透過跟蹤調查，發現問題，當即提出調節措施，馬上糾正，並且要越快越好。

來自確定標準不當的障礙。透過實驗檢驗，在「質」與「量」兩個方面可能會出現標準偏高或偏低，或者只注重「量」而忽視「質」的，都要一經發現，立即糾正。

來自規章不合理的障礙。透過實踐檢驗，對不合理的規章制度要從實際出發，合理解決，既要表現嚴格要求的精神，又要切合實際，做到寬嚴適度，保證目標標準落實。

來自執行不堅決的障礙。對此，要經過調查研究，在摸清下屬人員思想狀態和考核實際情況之後，針對存在問題，既要堅持標準嚴肅執行法紀，又認真做教育工作，分別視情況予以處理，要把組織的紀律措施、經濟措施和思想教育措施結合起來綜合加以實施，以糾正組織渙散、紀律鬆弛、思想消極、工作拖拉等不良的狀況，在處理時主管絕不能手軟。

來自領導者自身素質方面的障礙。如有的主管缺乏魄力，不能隨機果斷地處理問題。有的主管有私心雜念，在認識的侷限性方面造成偏見；有的主管有官僚主義，不能經常深入群眾，聽取群眾意見。這是控制過程產生種種障礙的根源所在。因此，需要在提高領導者自身素質方面下工夫。

厚黑有理

「忍人之所不能忍，方能為人所不能為」。這是古代聖哲對身為領袖者所提的要求，目的是為了檢驗作為領導者的自我控制能力。受人胯下之辱而忍之，是這種自控能力的典型事例。

2

厚而無形的處上之道

01

不要使自己的光芒太耀眼

做下屬的，沒有哪個人不想得到賞識的，殊不知這裡面都潛伏著無數的危機。因此，古代大臣中的一些智者，總注意把握住一個分寸，不要使自己的光芒太為耀眼、以致使得自己君上的形象顯得相形見絀、黯然失色。

要有意識地掩飾一下自己的美德卓行，甚至故意做出幾件不大得人心的事，自毀名聲，以使君上得到一種心理上的平衡，從而釋疑化妒，以求得自身的安全，這就是明知不可為而為之的道理。

蕭何是最早支持並參與劉邦起事的親信，在後秦滅楚興漢的事業中立有大功，劉邦在論功行賞時，將他排在功臣之首，並給了他可以佩劍穿履從容入宮朝見的特殊待遇，以示恩寵。

後來韓信被誣為謀反，當時劉邦率兵出征在外，是蕭何為呂后設計除掉了韓信，解除了劉邦心頭的一大患，蕭何由此從丞相提升為相國，封地增加了五千戶，還給了五百名士卒做他的警衛。

朝中大臣無不向他表示祝賀，只有一個叫召平的秦朝遺老獨去致哀，對蕭何說：「你不日將有大禍臨頭了，如今主上風餐露宿轉戰於外，而足下坐鎮京師，並未立有戰功，主上之所以給你增加封地，設置衛隊，是由於韓信剛剛謀反，主上對你心存懷疑，以此加以籠絡，並非是對你的寵信。請足下讓出封賞不要接受，並將自己的家產拿出來資助前方軍隊，主上必然高興。」蕭何認為他說的十分有理，依計而行，劉邦果然十分高興。

又過了一年，英布謀反，劉邦又一次率兵出征，卻從前線一再派回使臣打聽蕭何在幹什麼。蕭何在京師盡心盡責地安撫百姓，籌備糧草，輸送前線，如同他多年來所作的那樣。

又有人對蕭何說道：「足下不久將有滅族的大禍了。足下如今位為相國，功列第一，官不可再升，功不可再加，可足下自入關中十幾年來，甚得民心。如今主上派使臣來打聽足下的情形，是擔心足下名聲太大，對他構成威脅。足下何不到處壓價買田，高利放債，使民有怨言？只有如此，主上才會對你放心。」蕭何聽從了他的意見這樣做了，劉邦果然十分高興。

當劉邦班師回朝時，老百姓紛紛攔路上書，狀告蕭何，劉邦一點兒也不怪罪蕭何，反而將老百姓的狀紙交給蕭何，笑著對他說：「你自己處理吧！」

蕭何是劉邦的貧賤之交，劉邦親口將他封為第一功臣，為什麼劉邦對他還相信不過呢？這是因為，政治鬥爭是一個不斷地一分為二的裂變過程。

當年項羽、劉邦共同對付秦朝，秦朝滅亡了，項羽、劉邦這一對盟友翻了臉，打了起來；項羽被消滅了，劉邦集團內部又發生了裂變，中途入夥的韓信、英布又被劉邦視為異己的力量；韓信、英布垮臺了，劉邦的核心集團又該找出新的打擊對象了。蕭何樹大招風，自然首當其衝。

蕭何雖然不斷地自毀名聲，卻並未能消除劉邦的猜疑，就在劉邦將狀紙交給蕭何的同時，因蕭何順便請求將皇家花園中的荒廢土地撥出一些交給百姓耕種，劉邦立刻變了一副面孔，說蕭何故意討好百姓，將他收進監獄。

劉邦之類最高掌權者的邏輯是這樣的：你盤剝百姓，結怨於民，那是不足掛齒的小事一段，他不僅不會管，還會加以縱容；你要真正想替百姓辦一、兩件好事，說一兩句公道話而影響了他的權威、名聲，他便非要整治你不可。

曹丕當了皇帝以後，對他的兄弟們十分刻薄，防範也十分嚴密，雖然這些兄弟們都被封為「王」，卻都是徒有其名。他們全都被打發到遠離首都的封地，不許隨便回到首都來；每個人手下只有百十名老兵作為守衛，使他們無法憑藉武力作亂；還派了官員來監督他們，有點兒小錯就被上報朝廷，遭到譴責。這些兄弟雖然貴為天潢貴胄，實際上連個平民百姓也不如。

只有北海王曹表，為人謹慎，勤奮好學，沒有任何過錯。那些監督他的官員說：「我們奉皇帝的命令來監督大王的行動，有過錯就應當舉奏，有善行也應該據實報告。」於是聯名寫了份報告，稱讚曹表的美好品德。

曹表一聽到這個消息，嚇得大驚失色，指責官員們說：「嚴格要求自己，這是任何人都應該如此的，而你們卻報告了朝廷，這豈不是給我增加麻煩嗎？

如果我真的有什麼好品德，朝廷自然會知道，你們這樣聯名上書，只怕要適得其反了！」

曹表曾對兒子說：「與其因受到寵愛而遭受災禍，不如貧賤而無災無難。」

他的生活十分儉樸，並讓妃妾們親自動手紡線織布，如同平民之家一樣，因此他得以保全性命。

厚黑有理

所以，做些蠢事，有意識地掩飾一下自己的美德，也不失一種保全自己的策略。

02 隱忍不是懦夫

有關「士可殺不可辱」、「寧可站著生，不可跪著死」之類的關於受辱之言詞可真不少。是的，人應該活得有志氣，活著就不該受人侮辱。但是，如果你身上擔負著重任時，對辱就不可大義凜然了。你應該以大任為重。這一點，漢高祖劉邦做得非常不錯。

劉邦一生最危險的時候，恐怕就是在鴻門宴上。之後，當他在彭城被楚軍狂追猛攆的時候，雖多次因情況緊急將一對兒女推下車，但楚軍到底離他有些距離而未能追趕上他；當他被楚軍包圍在滎陽城中猛攻勁擊的時候，雖形勢危機萬分，但畢竟他還是在漢軍陣營之中；當他在平城被匈奴人包圍七天七夜的時候，雖險些餓死，但畢竟身邊有十幾萬大軍保衛著他。

但是，在鴻門宴上，他身邊僅有張良一個人，加上後來闖入大帳為他叫冤的樊噲，也不過兩個人而已，外面雖還有百餘騎，但項羽卻有四十萬大軍，而且對方已經心懷殺害之意。此時，他的小命完全掌握在項羽手上。殺掉劉邦，如果項羽願意的話，他自己就能對付劉邦這幾個人，而無需任何人幫助。

在這種情況下，劉邦只有卑躬屈膝，隱忍不爭，並充分利用對方的矛盾，來解救自己了，稍有不慎，後果顯而易見。此時，任何大丈夫的豪言壯語、英雄舉止都無疑會給他帶來殺身之禍。

所以，鴻門宴是劉邦經歷的最為危險的事情。後世也沒有幾個人能經歷過這個場面。從這個角度上來說，劉邦還應該很自豪呢！

鴻門宴的故事大家都知道，但關鍵是看劉邦都做了些什麼，如何避免災難的發生？在此事的前前後後，劉邦都做了哪些「大丈夫能伸能屈」的事情呢？

首先，在赴宴的前一天晚上，他死乞白賴地拉著項羽的叔父項伯認作兒女親家，並求他在項羽面前替自己美言美言。結果還是不錯的。項伯回去後先把項羽那邊的關係先打好了，項羽答應第二天劉邦來時會善待他。如果沒有這道「工序」，劉邦第二天肯定凶多吉少。

其次，第二天見面後，趕緊先說好聽的。劉邦一見到項羽就說：「我和將軍合力攻秦，將軍戰於河北，我戰於河南。但我沒想到能先入關中，並與將軍在這裡見面。請將軍不要聽小人的中傷與挑撥。」這段話裡沒有一句是真的。

當初，劉邦從今江蘇向西進發，直奔今天的陝西，沿途雖遇到一些麻煩，但不過是秦軍的地方部隊和少量的精銳。而項羽先往北走，去今河北救趙國，又在那裡與秦軍二十萬精銳糾纏日久，經過多次大戰，最後將秦軍全部殲滅後，兜了一個大圈子，才進入關中。僅從路程上說，項羽也不會比劉邦早進關中，劉邦竟說自己沒有想到。

劉邦說小人挑撥他與項羽的關係，但事實是有人給劉邦出主意，讓他派兵守住函谷關，不要讓諸侯進關，在關中稱王，他聽信了。結果，不僅函谷關被項羽一仗就攻破了，而且還將項羽惹得大怒，這才使他陷於鴻門宴的險境之中。

不過，劉邦這幾句話雖然不實，但是「卑躬」味兒十足，讓項羽聽了十分舒服。而且，此時劉邦已經五十歲上下了，項羽才二十六歲，劉邦如此卑躬屈膝，怎能不讓項羽動心？

厚黑有理

古人尚且如此，我們更應該以他們為楷模。如果你是領導者，在工作時遭到侮辱，就應當以工作為重；受辱便進行打擊報復，那不是大丈夫所為。須知，隱忍不爭也是大丈夫之舉。

03

功高蓋主適時抽身

自古以來，主管最忌諱的就是握有實權的下屬，唯恐下屬會借手握兵權之際突然發難，將主管架空或者趕下臺去。對於這樣心有疑慮的主管，你一定要表現出自己的理解，交出實權來換取太平日子，宋太祖的杯酒釋兵權的故事就是其中最具代表性的。

宋太祖奪了天下不久，他問趙普：「自唐末以來的幾十年間，換了十幾個皇帝，征戰不息，其原因何在？」

趙普回答：「因藩鎮的勢力太強大了。皇帝勢弱而臣子勢強，自然無法控制局面。今天只有稍微削減他們的權力，控制他們的錢糧，收編他們的精兵，天下才能安定。」

話未說完，太祖就說：「你不用再說了，我已經知道。」

過了不久，太祖和老友故將石守信等飲酒，酒酣耳熱之時，命令左右侍候的人退下，對他們說：「我如不依靠你們的力量，不可能有今天，我將永遠銘記你們的恩德，每時每刻都不忘懷，然而做天子也十分困難，簡直還不如當節度使快樂。我現在整夜睡不安枕啊。」

石守信等人問：「為什麼呢？」

太祖說：「這不難知道，身居這個位置的人，誰不想將他幹掉。」

石守信等人都惶恐萬分，向太祖叩頭說：「陛下為什麼說出這樣的話？」

太祖說：「事實難道不是這樣嗎？你們雖然沒有這個野心，但你們手下的人想富貴啊！一旦他們將黃袍給你穿上，就是想不做皇帝，也不可能啊。」

石守信等人都叩頭哭泣道：「我們雖然愚蠢之至，還未到這種地步，只求陛下憐憫我們，給我們指一條可求生之路。」

太祖說：「人生短暫，如白駒過隙，想求富貴的人，不過多得些金錢，使自己優裕享樂，使子孫不受貧乏之苦。你們何不放棄兵權，選擇些好田宅買下來，為子孫創立永久的產業。多多購置一些歌兒舞女，成天飲酒作樂，以終其天年。如果這樣，我們君臣之間，也就可免卻互相猜測懷疑不也很好嗎？」

石守信等人再次拜謝太祖，說：「陛下替臣等想到這種地步，真所謂同生死的親骨肉啊！」

第二天，他們幾個人都說自己有病，不能繼續任職，請求太祖解除了他們的兵權。

厚黑有理

不難想像，如果石守信等自恃位尊功高，不採取退讓措施，他們的結局自然可以預料。當然，在今天這樣一個民主與法制都比較健全的社會裡，自然不可能出現故事中的這種情況。可是，要想在政界叱吒風雲，也不得不引此為戒。

04 切忌搶上司的風頭

在工作中經常會有一些比較艱難而且費力不討好的任務。一般情況下主管也難以啟齒對下屬交代，只有靠一些心腹揣測主管的意思，然後硬著頭皮去做。做好了，主管心裡有數，但不一定有什麼明確的表揚；做得不好，主管怪罪，承受著，到時候主管會「認帳」的。可是在這種關鍵時刻不能擋駕反而出賣主管的人，主管就不會饒恕了。

一家工廠的生產線科長，他個性溫和，工作勤奮，與同事相處十分融洽。有一次，因為貨源來不及補足，造成產量未達到預期的目標，廠長非常生氣，在開會時宣佈要扣除生產線所有員工當月的獎金。

散會後，老陳並沒有解釋生產為什麼會延誤，只是誠懇地對廠長說：「這一切都不關生產科其他同事的事，是我自己指揮不當才造成，這事應該由我獨自來承擔，請扣我個人當月工資和全年獎金作為處罰。」廠長同意老陳的要求。

生產科的員工得知此事後，非常感動，於是他們主動加班，決心下個月超額完成生產目標。在他們同心協力及辛勤的努力之下，第二個月的產量果然超過目標。廠長非常高興，立即宣佈加發獎金給生產部門。

老陳將獎金都分給員工，自己分文未取，他對員工說：「這些獎金是大家的辛勞所得，是屬於大家。」老陳推功攬過，不但贏得了生產科同事的擁護和讚賞，同時也為公司創造佳績。

推過攬功的人，較不受歡迎，為人所摒棄；而豁達超然、不計較個人名利的人，反而能擁有威信，為人所尊重。《道德經》上有一句話：「大巧若拙，大辯若訥。」意思是聰明的人，平時卻像個呆子，雖然能言善辯，卻好像不會說話一樣，言外之意就是說人要匿強顯弱，大智若愚。

上面這則故事是典型的「攬過」，就是主動將過錯扛在自己肩上。讓我們再來看一則「推功」的故事，就是把功勞讓給別人，尤其是讓給自己的上司。李泌在唐代中後期政壇上，是一位頗有點名氣的人物。他侍奉玄宗、肅宗、代宗、德宗四代皇帝，在朝野上下很有影響。

唐德宗時，他擔任宰相，西北的少數民族回紇族出於對他的信任，要求與唐朝講和，結為婚姻，這可給李泌出了個難題。

從安定國家的大局考慮，李泌是主張同回紇恢復友好關係的；可是德宗皇帝因早年在回紇人那裡受過羞辱，對回紇懷有深仇大恨，堅決拒絕。

事情僵在那裡。正巧在這時，駐守西北邊防的將領向朝廷發來告急文書，要求給邊防軍補充軍馬，此時的大唐王朝已經空虛得沒有這個力量了，唐德宗一籌莫展。李泌覺得這是一個可以利用的時機，便對德宗說：「陛下如果採用我的主張，幾年之後，馬的價錢會比現在低十倍！」

德宗忙問什麼主張，他不直接回答，先賣了個關子，說：「只有陛下出以至公無私之心，為了江山社稷，屈己從人，我才敢說。」

德宗說：「你怎麼對我還不放心！有什麼主張就快快說吧！」

李泌這才說：「臣請陛下與回紇講和。」

這果然遭到了德宗的拒絕：「你別的什麼主張我都能接受，只有回紇這事，你再也不要提了，只要我活著，我絕不會同他們講和，我死了之後，子孫後代怎麼處理，那就是他們的事了！」

李泌知道，好記仇的德宗皇帝是不會輕易被說服的，如果操之過急，言之過激，不只辦不成事情，還會招致皇帝的反感，給自己帶來禍殃。他便採取了逐漸滲透的辦法，在前後一年多的時間裡，經過多達十五次的陳述利害的談話，才算將德宗皇帝說通。

李泌又出面向回紇族的首領游說，使他們答應了唐朝的五條要求，並對唐朝皇帝稱兒稱臣。這樣一來，唐德宗既擺脫了困境，又挽回了面子，十分高興。唐朝與回紇的關係終於得到和解，這完全是由李泌歷經艱苦，一手促成的。

唐德宗不解地問李泌：「回紇人為什麼這樣聽你的話？」

李泌恭敬地說：「這全都仰仗陛下的威靈，我哪有這麼大的力量！」

聽了這樣的話，德宗能不高興嗎？能不對李泌更加寵信嗎？

如果是一個浮薄之人，必然大誇自己如何聲威卓著，令異族畏服，顯示出自己比皇帝都高明，這樣一來必然會遭到皇帝的猜疑和不滿。

將自己辛苦得到的成績歸於他人，是有點捨不得，心裡難以平衡。可是你細想一想，你做出了成績，誰來表彰你，誰來給你發獎金，不是你的主管嗎？你把功勞給了他，他會虧待你嗎？如果你非要從狼嘴裡奪肉，大飽了口福之後又怎麼辦呢？怕是連命都保不住，你說你苦心得到那塊肉還有什麼意義呢？作為下屬，不僅要善於推功，還要善於攬過，兩者缺一不可。因為大多數主管願做大事，不願做小事；願做「好人」，而不願充當得罪別人的「壞人」；願領賞，不願受過。在評功論賞時，主管總是喜歡衝在前面；而犯了錯誤或有了過失後，一些主管卻想縮在後面。此時，就需要下屬出面，代主管受過或承擔責任。

小張是某縣長辦公室的特助，經常會遇到上訪者要求見主管解決問題的事情。主管精力有限，如果事事都去驚動主管，勢必影響主管集中精力做好全局工作。

每當有來訪者吵鬧著要見主管時，小張總是利用自己的特殊身分，勇敢地站出來，分清情況，解決糾紛，進行協調，必要時還使用強制手段把問題處理好。經常能夠獨自解決一些無理取鬧、胡攪蠻纏的事件，不怕得罪人。對一些重大問題也是先調查清楚，安撫好上訪者之後，再向主管請示，從不讓主管直接面對棘手的問題。無論大事小情他總能處理得有條不紊，眾人心服，同樣也獲得了主管的讚揚。

大凡主管，管轄範圍的事情很多，但並不是每一件事情他都願意幹，都願意出面，都願意插手，這就需要下屬在關鍵時刻能夠出面，代主管擺平，甚至出面護駕，替主管分憂解難，這樣必能贏得主管的信任和賞識。像小張這樣的下屬，哪個主管能不需要呢？這就是主管所讚美的實幹家，他比整天跟在主管後面只知道看主管臉色行事，遇到點大事就往主管後面跑的人要好得多。

一家飯店因品質問題，引起社會公眾的投訴。電視臺記者在這家飯店採訪時，最先碰到了該飯店經理的助理小王，小王最怕這種陣式，怕被別人逼問，就對記者推卸道：「這件事我不清楚，我們經理正在辦公室，你們有什麼事直接去問他吧！」這下可好，記者闖進經理辦公室，把經理「逮」了個正著，經理想躲也躲不開了，又毫無心理準備，只好硬著頭皮接受了採訪。

事後，經理得知小王不僅沒有給自己擋駕，還把自己給推了出來，所以很生氣，把小王給炒了魷魚。

明智的部屬，應懂得如何適時地把自己的功勞歸於老闆。雖然這樣做會有委屈自己和逢迎拍馬之嫌，但有什麼辦法呢？誰讓你是部屬而他是老闆呢？做老闆當然要光彩奪目，而部屬相比之下自然應黯淡些，如果不是如此而是相反，那老闆自然容不下你。

劉局長的司機近年來逐漸發福，而劉局長則是一直保持消瘦，每次外出辦事，司機陪著劉局長都會有些尷尬。因為很多人一見面就會把司機認作主管而把劉局長本人認作是司機，這讓劉局長和司機都非常尷尬，雖然每次司機都走在劉局長的後面縮手縮腳，但是還是被人認錯。不久，劉局長就換了司機，新來的司機比劉局長更加消瘦。

故事中的司機之所以被局長換掉，就是因為他在眾人面前搶了主管的風頭，這讓劉局長非常尷尬，自然非常生氣。

在實際生活和工作中，需要時時刻刻注意自己不能比你的主管更優秀、更引人注目。例如，你的穿著裝扮比老闆更勝一籌，把別人的目光都吸引到你身上而忽視了老闆，你想你的老闆心中會舒服嗎？

更有甚者，某些人眼光拙劣，把做部屬的當作老闆，卻把老闆當作隨從，那老闆肯定會把你打入冷宮。因為一般人心目中，老闆應是穿得比部屬名貴些、漂亮些。特別是同性之間，做部屬的穿著比老闆還豪奢名貴，那老闆必定很不舒服。尤其是女性上司，女性都對服飾特別看重，別人不經意間的讚揚或批評，都能引起其注意。如果你的老闆很講究服飾儀表，做部屬的也要注意服飾的整潔得當，但不要搶了老闆的風頭；如果你的老闆不太看重服飾，那你在穿著上「過得去」便行了。

又如，在公共場合搶著說話也不太適合。當部屬和老闆出現在公眾場合，老闆不太愛說話而部屬卻滔滔不絕，引得眾人的賞識和掌聲，則這位部屬離被炒之期不遠矣。在這些公共場合，你把別人的目光都吸引到你這裡，把老闆的

「風頭」都搶光了，老闆能不嫉妒你嗎？所謂言多必失，做部屬只能「屈居第二」，附和著老闆即可。

再如，你的人緣很好，工作能力強，但如果有些同事在老闆面前太過表揚你，說你的才華超過老闆。說這種話的同事也許是真糊塗，也許是別有用心的假糊塗，此時你就得小心了。老闆希望部屬個個精明能幹，能獨當一面，但不希望部屬比自己強，這是一種很微妙的心理。總而言之，有出風頭的機會應儘量留給老闆，千萬別做搶風頭的蠢事。

小劉是剛到公司的職員，短短兩個星期後，他發現他的頂頭上司的工作實際極其簡單。有一天，當上司正在為一項任務愁得要命時，小劉主動請纓：「主任，這件事太簡單了，我在學校經常接觸這方面的東西。」

小劉本來以為上司會對自己大加讚賞，沒想到主任冷冷地拋過來一句：「是嗎？我倒沒發現原來你這麼能幹。」然後拂袖而去，剩下小劉一個人半天也沒回過神來。

相比之下，小李就顯得聰明多了。當小李的上司為一個問題煩惱時，小李並沒有像小劉一樣直接就說出由他來完成的話，而是以關心的態度表示願意和上司一起思考，解決問題。他還找來一些資料，與上司一起尋找解決方法。結果，如小李「估計」的一樣，上司比他先從資料裡找出了答案。問題解決後，小李明顯感覺到上司和自己之間的距離縮短了，上司把他當成了「自己人」。

小李比小劉聰明的地方在於他既達到了解決問題的目的，又讓上司保全了面子。在上司面前，小李並沒有絲毫炫耀的意思，表現出的只是想替上司分憂的熱情。

對於上司職責範圍內的事情，無論你本人多麼有能力，也絕不可擅自做主，私下處理，抹了上司的面子。如果你比上司聰明，就要表現出相反的樣子，讓他看起來比你聰明幹練。你可以故作天真，使表面上看起來你更需要他的經驗。

厚黑有理

有時還可故意犯一些無傷大雅的錯誤，才有機會尋求上司的協助。上司們可是非常重視這樣的請求。如果身為上司無法恩賜他的經驗於下屬，他可能就會賞給你他的惡意。

如果你的點子比上司的想法更富創意，盡可能以公開的姿態將這些點子劃歸他名下，讓大家都看清楚，你的建議不過是對他的意見的迴響。如果你天生就是人緣好、慷慨大度，小心不要成為遮蔽他光華的那片烏雲。因為他必須看起來是眾人圍著的太陽，散發著光輝。

05

委屈才能求全，忍辱方能負重

做為一個沉浮於職場的人，在上司把某些事故的責任推到你身上時，也必須「忍」。在日常生活中，尤其是在工作過程中，很可能會出現這樣的情況，某件事情明明是上級主管耽誤了或處理不當，可是在追究責任時，上司卻指責自己沒有及時報告，或報告不準確。

祕書科的小李在接到一家客戶的生意電話後，立即向經理作了報告。可是就在報告的時候，經理正在與另一位客人說話，聽了小李的報告後，他只是點點頭，說了聲：「我知道了。」便繼續與客人會談。

兩天以後，經理把小李叫到了辦公室，怒氣衝衝地質問他為什麼不把那家客戶打來的生意電話告訴他，以致於耽誤了一大筆交易。

莫名其妙的小李本想向經理申辯幾句，表示自己已經向他作了及時的報告，只是當時他在談話而忘了。可是經理連珠炮式的指責簡直使他沒有插話的機會。而且，站在一旁的經理辦公室主任老趙也一個勁地向小李做眼色，暗示他不要辯解。這就更弄得小李糊塗不解了。

經理發完火後，便立即叫小李離開辦公室。一塊出來的老趙告訴小李，如果你當時與經理辯解，那你就大錯特錯了。聽了老趙的話，小李更是丈二和尚摸不著頭腦，弄不清其中的奧祕。

事情過了很久，小李才逐漸明白了其中的道理。原來，這位經理也知道小李已經向他報告過了，也的確是他自己由於當時談話過於興奮而忘記了此事。但是，他可不能因此而在公司裡丟臉，讓別人知道他瀆職，耽誤了公司的生意，而必須找個代罪羔羊，以此為自己開脫。所以，經理的發怒與其說是針對小李，還不如說是給全公司聽的。但是，如果小李不明事理，反而據理力爭，這樣，不僅不會得到經理的承認，而且很可能因此而被解雇。

那麼，是不是在上司錯怪了自己之後，都不要去申辯呢？切不可簡單地下這樣的結論。如果我們仔細地分析上述例子，便可以發現，經理之所以如此責怪小李，小李之所以不能申辯，是因為事關經理自己本身。假如事情不是這樣，那就另當別論了。

漢文帝時，袁盎曾經做過吳王劉濞的丞相，他有一個從史與他的侍妾私通。袁盎知道後，並沒有將此事洩漏出去。有人卻以此嚇唬從史，從史就畏罪逃跑了。袁盎知道消息後親自帶人將他追回來，將侍妾賜給了他，對他仍像過去那樣倚重。

漢景帝時，袁盎入朝擔任太常，重又奉命出使吳國。吳王當時正在謀劃反叛朝廷，想將袁盎殺掉。他派五百人包圍了袁盎的住所，袁盎對此事卻毫無察覺。恰好那個從史在圍守袁盎的軍隊中擔任校尉司馬，就買來二百石好酒，請五百個兵卒開懷暢飲。圍兵們一個個喝得酩酊大醉，癱倒在地。當晚，從史悄悄溜進了袁盎的臥室，將他喚醒，對他說：「你趕快逃走吧，天一亮吳王就會將你斬首。」袁盎問起：「你為什麼要救我呢？」校尉司馬對他說：「我就是以前那個偷了你的侍妾的從史呀！」袁盎大驚，趕快逃離吳國，脫了險。

無獨有偶。西元一九九年，曹操與實力最為強大的北方軍閥袁紹相拒於官渡，袁紹擁兵十萬，兵精糧足，而曹操兵力只及袁紹的十分之一，又缺糧，明顯處於劣勢，當時很多人都以為曹操這一次必敗無疑了。曹操的部將以及留守在後方根據地許都的好多大臣，都紛紛暗中給袁紹寫信，準備一旦曹操失敗便歸順袁紹。

相拒半年多以後，曹操採納了謀士許攸的奇計，襲擊袁紹的糧倉，一舉扭轉了戰局，打敗了袁紹。曹操在清理從袁紹軍營中收繳來的文書材料時，發現了自己部下的那些信件。他連看也不看，命令立即全部燒掉，並說：「戰事初起之時，袁紹兵精糧足，我自己都擔心能不能自保，何況其他的人！」

這麼一來，那些懷有過二心的人便全都放了心，對穩定大局起了很好的作用，這一手的確十分高明，它將已經開始離心的勢力又收攏回來。不過，沒有一點兒氣度的人是不會這麼幹的。

厚黑有理

文中楚莊王雖不求什麼官，但他卻因能寬容自己臣子的過失，才把自己的王位坐穩坐大；袁盎因為容忍下屬與其妾有染而不但做好了高官而且還保住了一命；曹操因為用了寬宏大度這一手才擴張了自己的實力，因而可以位傾朝野。

06 勸諫有方厚黑有術

在日常工作中，常常遇到勸解上司不當反而遭到其斥罵的現象。是的，人要臉，樹要皮，上司必定是眾人之主管，你勸詞不當，他的臉往哪兒擱呢？為此，有必要計謀一種新的進諫策略，一方面使領導者不失尊嚴，另一方面又能讓他順勢走下臺階，接受勸諫。

《三國演義》中，關羽和劉備失散，被曹兵困於一座山頭上，曹操派大將張遼去勸降。張遼與關羽過去有交情，深知關羽耿直、傲慢的秉性，要說服這類英雄，只有給其準備好臺階，順勢下坡。

張遼單騎上山見到關羽，先敘舊情，當關羽聲言以死相拼時，張遼斷然警告關羽：「你若戰死，將有三個罪過！」

關羽大吃一驚，急問有哪三個罪過？

張遼正言道：「你當初與劉備桃園結義，發誓同生死，現在劉備剛戰敗你就戰死，將來劉備東山再起時，卻得不到你的幫助，不是有負當年誓約嗎？這是第一個。第二個罪過，劉備把家眷託付於你，你雖戰死，然劉備家眷被俘，生死未卜，你又於心何忍？即使死，也死得遺憾，並未盡忠盡責，問心有愧。」

關羽聽後，一時低下頭來。

張遼接著說：「第三個罪過，你武藝超群、兼通經史，不圖協助漢室，卻想死拼硬戰逞匹夫之勇，你算不上一個忠義之士。」

關羽想到終生要匡復漢室，自己卻出征未捷身先死，實在有負漢室的眾望，心中尋思，大丈夫能屈能伸，何不尋求新的出路。

張遼抓住機會進言道：「現在四面都是曹公的兵，若不降則只有戰死，而死又毫無用處，你何不暫時歸順曹公，待機再找尋劉備，匡復漢室，同時也保全了劉備家眷的性命，自己命賤但劉備家眷命重啊！」

經張遼這一分析，關羽心有所動，想到一時受降雖然有失面子，與大名鼎鼎的關雲長英名不符，但一可保全劉備家眷性命，二不違背桃園之約，三可留有容身之處。思前想後，還是暫時受降曹公為上策。

張遼以敘舊為先導，抓住關羽心理，層層深入，反覆論證，終使關羽受降，可謂說技不凡；相反，如果張遼以直言勸降，或者以武力、以死相逼，勢必遭到關羽辱罵，一旦失手，則會以死相拼，最後鬧個魚死網破，實不划算。

設置臺階法的關鍵是臺階的設置要巧妙。要使參謀對象感覺到高低大小正合適，其臺詞最好不要說破。媽媽有意讓孩子睡覺，漫不經心地拋個枕頭到孩子的手邊，孩子可能順勢枕在頭下，呼呼入睡；如果鄭重其事地給孩子枕上，明確地教導他，說這樣會睡得更快一些等等大道理，說不定反倒把孩子的瞌睡趕跑了。這就是設臺階時的技巧問題。

張遼有意給關羽受降設一個臺階，說了一大番話，無非是暗示關羽：並非你關羽不武勇，鬥不過曹兵曹將，也不是你關羽怕死，忘記了忠義，屈服曹操。之所以要暫時受降，完全是為了劉備的利益，完全是為了興漢室的長久之計，完全是因不得已而為之。而這武勇、忠義正是關羽所在乎的。為此，他確實敢與曹軍拼死。張遼很會投其所好，在當時情況下，這個臺階很合適，使關羽感到心雖戚戚，可面子上還是說得過去。順勢而下，也不至於太損形象，故能接受。如果張遼明明白白地把臺階搬出來，把理說白，那效果可大不一樣了。

厚黑有理

不管是勸解你的主管，還是勸解你的朋友，你都要顧全其臉面，為其設置一個恰當的臺階，讓其就坡下驢，愉快地接受你的見解和主張。

07 和上司做事要踩準「點」

在位高權重的上司跟前做事，肯定是非常難的。俗話說伴君如伴虎，說的就是這個道理。如果你的上司是位高權重的領導者，你怎樣才能平安無事地在他身邊做事呢？這就有必要探討封建社會那些處世圓滑、左右逢源之術。清代道光朝大學士（相當於宰相）曹振鏞就是這類官僚中的一個典型人物。

曹振鏞在乾隆朝中進士，點翰林，官至侍讀學士，至嘉慶朝便飛黃騰達，升為尚書、大學士。道光皇帝繼位後，他更是紅得發紫，晉武英殿大學士、贈太傅，圖形紫光閣。當他以八十一歲高齡去世後，又得到「文正」的謚號。這是清朝對故世大臣最高的評價，在清代享受這種殊榮的只有七、八個人。

曹振鏞作為一位漢族官僚，既沒有顯赫的武功，又沒有出眾的文采，在重滿輕漢的清朝時代，能夠在充滿兇險的仕途上一帆風順，自然有他的「訣竅」。有一次，他的門生向他討教，問他成為三朝元老，深受皇帝寵信靠的是什麼。他回答六個字：「多磕頭，少說話。」意思是對皇帝、對上司，只需要表示順從，不用發表自己的意見。真是圓滑到了極點。「少說話」不等於不說話，而是把話說到關鍵的時候，說到點子上，對此，曹振鏞是深有研究的。

清朝進入道光時期就已經暴露出許多衰敗的跡象，積重難返，地方官員紛紛把這些情況上報朝廷，等待皇帝拿主意。每天堆在皇帝面前等待批閱的檔就有好幾大摞，道光帝看得頭昏腦漲，為此，他感到看也不是，不看也不是。看吧，實在不願整天泡在文件堆裡，不看吧，又怕留下荒廢政務的壞名聲。

曹振鏞敏銳地察覺出道光帝的這種心思。他討好皇帝說：「今天國家在陛下的英明治理下，太平無事。可是一些大臣偏偏好無事生非，在奏章中講一些危言聳聽的事情，無非是為了博取敢於直言的虛名，對於他們又不能降旨怪罪，這樣會使陛下蒙受拒諫的名聲。依臣之見，陛下今後只要在批閱奏章時，選擇其中的細枝末節上的錯誤，降旨嚴厲斥責，臣下就會懾於您的天威聖明，知道陛下對天下事早已明察秋毫，一定不敢再呈上那些撥弄是非的奏章。」

曹振鏞的一席話，正中道光帝的下懷，果然照他的辦法做了。不少人因此丟了官職，文武百官謹小慎微，儘量不向朝廷報告或少報告，甚至出了大事也隱匿不報，即使報告也大事化小，小事化了，掩蓋事情的真相。於是，官場上形成互相欺瞞，報喜不報憂的惡劣作風。道光帝雖然可以少看許多奏章，免去了大量的伏案之勞。但國家的許多弊政得不到及時解決，最後形成了全國性的內亂。

曹振鏞這麼一「說」，實際上是為了保全自己的名譽地位，成功地施展了逢迎上司的小手腕，這種人只能給自己帶來某些私利，對國家來說，卻是埋下了可怕的隱患。他們想的並不是如何辦好公事，而是怎樣討好上司，守住自己的官職俸祿、榮華富貴。

這些人沒有什麼建樹，在保官保祿方面卻有一套阿諛奉承、明哲保身的辦法。這是非常不可取的。更可憐的是道光皇帝沒有看透這一點，反而把曹振鏞當成言聽計從的股肱之臣。曹振鏞的舉止無疑給後人留下了深刻的反思。

厚黑有理

在現實生活中，我們雖然不能以曹振鏞為楷模，但是，我們可以從中學到認識像曹振鏞這樣一些捨公為私的、禍國殃民的小人的本領，防備受其讒言所惑誤了勤政為民之大計。

厚黑學

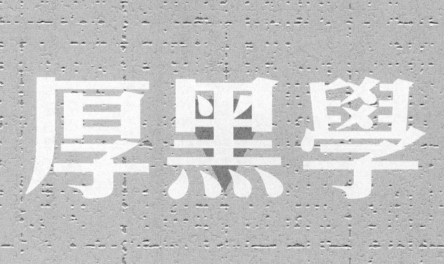

3

厚臉皮求人法

01 纏而不賴「磨」

出色的辦事人員，通常具有許多人們所不具備的素質，而忍耐可以說是其中最重要的一種。所謂好事多磨，這個「磨」字就可以理解為忍耐。

一般來說，忍耐所表現的是對對方處境的理解，是對轉機到來的期待和對求人成功的自信，有了這種心境，你就能在精神上使自己處於強有力的地位，能夠方寸不亂，調動自己全部的聰明才智，想方設法去突破僵局。即使消耗一定的時間也是值得的。

從另一個角度來說，「磨」也可以理解為「好事多磨」，「好事多磨」消耗的是時間，而時間恰恰是一種武器。時間對誰都是寶貴的，人們最耗不起的是時間。所以，如果你以足夠的耐心，擺出一副「打持久戰」的架勢與對方對壘時，便會對對方的心理產生震懾。

以「磨」對「拖」，足以促其改變初衷，加快辦事速度。所以，你要沉住氣，耐心地犧牲一點兒時間，反而可以爭取到更多的時間。

例如，某學院校舍建設急需二十噸瀝青。校方派一位助理到物資部門請領，但負責此事的處長推說工作忙，要等兩個月才能提貨。助理非常著急，他怎麼能等兩個月呢？當他瞭解到倉庫裡有現貨，只是因為自己沒「進貢」人家才拖他時，更是怒從中來。但他竭力控制自己的感情，思索解決辦法。他手頭一無錢二無物，再說他不想來那一套。他決心和處長「磨」。

從第二天起，他天天到處長辦公室來，耐心地向處長懇求、訴說。處長感到煩，不理睬他。處長不理，他就坐在一邊等，一有機會就張口，彬彬有禮，不吵不鬧，懇求訴說。處長急不得火不得，推不起趕不跑。

「磨」到第五天，處長就坐不住了，他長歎一聲：「唉，我算服你了。照顧你這一次，提前批給你吧！」

有沒有足夠的耐心，還與人們的自尊心強弱有關。

當然，「磨」除了有耐心之外，還要具有一定的方法和原則，例如，你可以不厭其煩地登門拜訪，申訴你的理由和要求，但別指望很快就能得到答復和處理，你要有長期作戰的心理準備。

「磨」時，態度要誠懇，語氣應平和。即使受了冷遇，碰了釘子，或者處理者發了火，你也要沉住氣，只要問題能處理，受點兒委屈也值得。你依然要心平氣和地陳述你的看法。

「磨」時，要注意用語的分寸，多用懇請語氣，千萬不可用「怎麼還不處理呀？」「不是說今天就要給我答覆嗎？為何講話不算數？」「你們到底什麼時候解決？」「這個月底前必須處理！」等等的責問句或命令句。如果改換另一種詢問口氣，可能效果會好得多。

在上門拜訪、「磨」的時間間隔上，要注意越來越短，次數上要越來越頻繁，以造成處理者的緊迫感。頻頻催問很可能引起對方的煩躁，這不要緊，只要你是有理有節，就沒有關係；只要你堅持不懈，就會帶來轉機。

據說，一位幫主管揹黑鍋的受害者向上一級主管告狀之後，這位上級主管不想過問，受害者於是頻頻催問，以致於連這位主管的妻子也嫌煩了，她對丈夫抱怨道：「這個人怪可憐的，天天來，煩不煩人？你就給他解決算了。」

這位主管想想也是，因此才下了決心，處理了這一問題。

你瞧，「磨」這事還真非得有慢功夫不可。

厚黑有理

有些人臉皮太薄，自尊心太強，經不住人家首次拒絕的打擊。只要前進一受阻，他們就臉紅，感到羞辱，氣惱，要麼與人爭吵鬧翻，要麼拂袖而去，再不回頭。這些人看起來雖然很有志氣，但卻是沒有能力辦成大事的失敗者。

02

厚臉求人，放下面子

張老師酷愛收藏書籍，每天必圍書架轉上幾圈，以手拭去書上的灰塵，選幾本心愛的書籍，靠沙發一坐讀起來，其樂無窮。

某日好友李某到來，見其藏書，大加稱讚，並擇架上一書要借走。此書乃張老師最珍貴的書籍之一，但礙於情面又不好不借，張老師仔細叮嚀李某三天後歸還。但三天後見李某又不好意思開口追要，於是一天拖一天，直至有一天張老師終於按捺不住，遂登李某之門索要，而李某卻瞪著眼珠子說，我什麼時候借你的書了，有憑據嗎？有借條嗎？

張老師終於嘗到了「面子殺人」的滋味。

馬某自小與林先生熟識，林先生開公司後，馬某找到林先生說自己的兒子沒有工作，希望林先生公司給安排份工作。林先生明知馬某的兒子不爭氣，但念在多年故友的面子，就讓馬某的兒子來公司幫忙。

誰知，馬某的這個兒子一則好逸惡勞；二則坑矇拐騙，不但工作態度不好，還借公司名義在外面招搖撞騙，給公司帶來一萬多元的經濟損失。

林先生一氣之下將馬某的兒子開除出公司。但沒想到馬某卻造他的謠，說他的公司有問題，自己的兒子是為了不變壞才自動離開公司的。林先生至此後悔不已，但無計可施。

有的人因為自己的無知而犯了錯誤，別人給他指出來，他卻因為面子關係不願承認，為了面子即使是犧牲一些利益也要堅持錯誤。這種人的「面子」的確昂貴得很。

過去楚地的人不認識生薑，看見生薑就對人說：「這東西是樹上結的。」知道的人告訴他：「你說錯了，生薑是長在土裡的。」

這位楚人出於面子的考慮，固執己見，並和人家打賭說：「我敢用驢跟你打賭，然後咱們以十人為限，如果這十人都說生薑是土裡長的，我的驢就歸你。」

於是他們就去向遇見的人請教，結果一連問了十個，十個人都說生薑是長在土裡的。

這回楚人沒話說了，但他卻對打賭的人道：「沒辦法，這十個人真沒見識，現在我的驢歸你了，可是要知道，薑還是樹上長的啊！」

楚人不曉得生薑長在哪裡，他說生薑長在樹上其實並無把握的，只不過「鐵嘴鋼牙」罷了。可見，他的死硬到底，並非是堅信自己的論斷，而是寧可輸驢而不輸口。因為在他看來，面子比驢更重要。

某廠的會計在審核一張出差單據時發現，業務部小張的報銷費中有三千多元屬於不應報銷的，於是予以駁回，不予報銷。但過了兩天，負責財務的張副廠長（小張的叔叔）找到會計說：「算了，給他報了吧，這事我知道。」

會計說：「張廠長，這不符合財務制度哇。」

張副廠長把臉一沉說：「怎麼，我負責財務，我說的話，你都不聽了嗎？

你看著辦吧。」

會計考慮了幾天，還是違心地給小張報了帳。

這是為什麼呢？這是因為小張與會計是同事關係，而張副廠長卻是會計的頂頭上司，俗話說「船大還能漫過水去」，因此，會計在關鍵時刻頂不上去，做了違心的事。

馬群是個剛被提升的局長。當他乘坐的專車第一次開進局裡的大院時，門衛把車擋在了門外，直到司機和門衛解釋了好幾分鐘，才放車進門。馬群從心理上就對這個門衛抱有反感，果然，在他的竭力主張下，將局裡的門衛撤換了。

心理學家是這樣解釋他的行為的：作為新提升的局長，他從心理上給自己塑造了一個新人形象，並希望人人接受這一形象，一旦這一形象不被人們接受，他便會產生惱怒和嫉恨心理，這也是一種情商病。犯這種病的人一旦地位變動就要發作，「面子」隨著「位子」的變化而變化是這種情商病的主要特徵。

厚黑有理

與人打交道，面子問題很重要。中國人自古好面子，讀書人更好面子，一事當前，面皮薄，該開口的不開口，該要求的不要求，該批評的不批評，該拒絕的不拒絕，結果失去了大好時機，犧牲了自己的利益。所以有一種說法叫「面子殺人」，意思是說，有時候為了面子，可能傷害了自己，甚至犧牲了自己。

03 求人辦事，先把架子放下

我們在日常生活中經常會碰到這種人，他們在和同事們學習、研究問題的時候，一旦自己提出了一個意見和想法，別人就只有贊成和同意的份兒，如果有人提出異議，他就非要跟人硬頂到底不可。總之，說來說去，只有他的道理對，別人只能按他的道理辦，否則就是損了他的面子。

自然，有的人也會稍微策略一些，他們或許不會和別人爭得面紅耳赤，硬說自己的道理和辦法對，但心理上卻拒絕外來意見，只想依著自己性子辦，總之，他們都是要用自己的行動來維護自己的臉面，至於效果如何則不管不顧。

對於這些人來說，有時他們也並非百分之百地認為自己的看法和辦法正確，或百分之百地知道對方的建議錯誤和無用。甚至還可能百分之百地知道自己的意見和辦法不靈或不佳，而確實知道人家的建議百分之百地勝過自己，但這些都不足以使他從善如流，屈己從人，或者稍稍吸收一些別人的長處，關鍵就在於他們不肯犧牲自己的面子。

人一旦把面子看得比真理還重要，那就變得十分荒唐可笑了。

《賢轢編》裡有這樣一則故事：以前有個盲人，由窄窄的板橋上通過一條乾涸了的小溪，一失足由橋上滑了下去，幸虧兩手抓住了板橋上的橫木，拼命掙扎，又喊又叫，自以為一失手必然要落入深淵，活不成了。

過路的人看到以後，就好心地告訴他說：「沒關係，只要一放手，你就腳踏實地了。」可是盲人卻根本不相信，覺得有眼睛的人一定是在故意捉弄他，想看他出醜，於是照樣抓著橫木大聲喊叫，直到實在支持不住，失手墜落到地上的時候，才知道過路人說得是真的。

這個盲人，自己不能看見道路，如果能夠正視這一點，請明眼人帶路，不顧及面子，衝得上去，這固然很好，但既然已經失足了，能退得下來，聽從別人勸告也好，可以穩穩當當地行走，但他既衝不上去，又退不下來，那就荒唐可笑了。

當一個人進退兩難時，就能體會到「衝不上去，退不下來」的痛苦。

例如，在當今社會，為了提高生活水平，加快致富，人們背井離鄉奔向開放和繁榮的地方，就像「水往低處流」一樣自然。而固守鄉土、足不出戶、謹小慎微、害怕變化等等觀念和心態，反倒有悖於市場經濟的內在要求。

但現實生活中，很多人處於一種「衝不上去，退不下來」的尷尬境地。他們一方面不甘於目前的工作及生活環境中，他們或者是不適合自己的工作，或者不喜歡目前的環境，認為沒有發展餘地，理智告訴他們「應該退下來」另謀發展，但他們卻害怕離開現在環境後狀況會更惡化，因此，處於一種「退不下來」的狀況；而另一方面，他們又不可能硬著頭皮在現有的工作環境中繼續努力地做下去，處於一種「衝不上去」的狀態。這樣的人在現在生活中實在是太多了，這兩種狀態維持時間越長，浪費的時間和遭受的痛苦越多。

看過《田中角榮》的人，也許還記得這樣一個故事。

田中角榮年輕時曾經做過給屋頂鋪瓦的粗活，一次不小心踩碎一塊瓦，被工頭撞見，好生奚落、責備，田中角榮一怒之下踩碎好多塊瓦，頭也不回地辭職而去。這個故事至少可以說明一個道理，一種工作不是每一個人都適合，當工作不適合自己，或者自己不適合工作，以及自己不適合某一工作環境時，唯有個人尋求發展才是最好的解決辦法。

當一個人進也不能，退也不是，想走走不了，想待又待不下去之時，他們心理就會發生負面的變化。公司裡的人際關係複雜，做不了事和不做事的人多了，這人看著那人不順眼，這部門看著那部門輕閒，這人看著那人多賺了錢，以及甲議論乙、乙評論丙，丙又見到丁就煩，以致於天長日久，有些人心理都發生異變，整個公司裡都見不到一個順眼的人。這種狀況使人感覺活著真累！

對於「衝不上去，退不下來」的病症，應該採取什麼辦法來治病呢？

一、硬衝法

所謂硬衝，就是要明確堅決要衝的決心，一而再、再而三地往前衝，絕不半途而廢。

宋代時，有一次趙普向太祖推薦一位官吏，太祖沒有允諾。趙普不為此尷尬，第二天臨朝又向太祖提出這項人事任命請太祖裁定，太祖還沒有答應。趙普仍不死心，第三天又提出來。

連續三天接連三次反覆地提，同僚也都吃驚，趙普何以臉皮這樣厚！太祖這次動了氣，將奏摺當場撕碎扔在了地上。但趙普自有他的做法，他默默無言地將那些撕碎的紙片一一拾起，回家後再仔細地重新黏好。

第四天上朝，話也不說，將黏好後的奏摺舉過頭項，立在太祖面前不動。太祖為其感動，長歎一聲，只好准奏。

二、硬退法

所謂硬退，就是咬定牙關，一定要退下來，不管有多難，都要硬退，因為退下來後，活動餘地更大，選擇更多，這就好似古語所說：「退一步海闊天空。」

例如，北京某廠技術科長郭某，設計的產品曾多次獲獎，對廠裡貢獻很大，廠裡也獎勵過他一間房子。後來廠主管懷疑他私自為外廠工作，撤銷了他的科長職務，還把他調到了與技術無關的職位。郭某因不能發揮特長，這時當然是沒有辦法「衝」了，只有想退路了，於是他要求調到某分公司，廠裡堅決不放。因為此時的企業經營面臨著非常困難的境地，專業隊伍不穩定，廠裡認為同意郭某調走會使更多的技術人員外流，而不安排郭某的工作也只是暫時的，以後還是要用的。

這時，郭某就採取硬退之法，說什麼也不願再幹，一方面申請離職，另一方面積極去別家企業說明並聯繫工作，廠裡一看他心意已決，只好放他走人。

三、進退兩全法

此法一方面考慮到別人的面子問題，使別人能「退」；另一方面又堅持自己的原則，使自己能「衝」，這種方法更適合於素質較高的當事人及事情尚有餘地的情形。如太史公司馬遷的著作《史記・滑稽傳》載：戰國時期，齊威王荒淫無度，不理國政，好長夜之飲。由於上行下效，僚屬們也全不幹正事了，眼看國家就要滅亡，可是就在這種節骨眼上卻沒有人敢去進諫，最後只好由「長不滿四尺」的淳於髡的出面了。但是他並沒有氣勢洶洶、單刀直入地向齊威王提出規諫，而是先和他搭訕聊天。

他對齊威王說：「咱們齊國有一隻大鳥，落在大王的屋頂上已經三年了，可是它既不飛，又不叫，大王您知道是什麼原因嗎？」

齊威王目前雖然荒淫好酒，但是他本人卻不是一個跟夏桀、商紂一樣壞進骨子裡去的人物，所以一明白淳於髡的隱語之後，他就被刺痛並醒悟了，於是很快回答說：「我知道。這隻大鳥它不鳴則已，一鳴就要驚人；不飛則已，一飛即將衝天。你就等著看吧！」說畢立即停歌罷舞，戒酒上朝，切實清理政務，嚴肅吏治，接見縣令長七十二人，賞有功一人，殺有罪一人。隨後領兵出征，打退要來侵犯齊國的各路諸侯，奪回被別國侵佔去的所有國土，齊國很快又強盛起來。

厚黑有理

對於正常人來說，要面子並非缺點；相反，在某些時候倒是必要的。如果一個人連一點兒面子都不講了，那倒是一個奇怪的現象，甚至是十分值得擔心的事情。但是，愛面子如果到了可以犧牲原則，固執己見到了不分是非的地步，那就不正常了。

04 求人辦事，難得糊塗

求人辦事很多時候就需要你真明白但裝糊塗。在做人糊塗方面，有的人可謂是無與倫比。例如，《水滸傳》中的林沖，已被人多次算計，還要誠信地赴約誤入白虎堂，甚至到了黑松林還要說「無冤無仇，望祈饒命」的癡話，這是由老實而落入愚蠢。

而三國時期的劉備裝呆作癡，則是謀略上的韜光養晦大師。劉備處在低谷時期，只有暫時投向走運的曹操。而他暗地又參與了滅曹的組織，只好裝癡，將自己的計劃隱藏到深處，屈作一菜農。不然稍稍露出蛛絲馬跡，就會遭殺身之禍。

曹操擊敗呂布，奪取了徐州，劉備因自己勢單力薄，只好隱藏下自己獨展宏圖的夙願，暫時依附於曹操。

曹操原本對劉備不放心，消滅呂布後，讓車胄鎮守徐州，把劉、關、張一同帶回許都。既然歸順於他，也就得給些甜頭，於是曹操帶劉各進見獻帝，論起輩分，劉備還是獻帝的叔叔，所以後來人家叫他「劉皇叔」。劉備原先就是豫州牧，這次曹操又薦舉他當上了左將軍。曹操為了拉攏劉備，對他厚禮相待，出門時同車而行，在府中同席而坐。一般人受到如此的禮遇，應該高興，劉備卻恰恰相反，曹操越看重他，他越害怕，怕曹操知道自己胸懷大志而容不下他，更怕「衣帶詔」事發。原來，獻帝想擺脫曹操的控制，寫了一道討滅曹操的詔書，讓董承的女兒董人縫在一條衣帶中，連一件錦袍一起賜給董承。董承得到這「衣帶詔」，就聯合了種輯、吳子蘭、王服和劉備結成滅曹的聯盟。因為此事關係重大，一點兒風聲也不能洩漏。於是，劉備裝起糊塗，在後花園種起菜來，連關羽、張飛都摸不透大哥為什麼變得這麼窩囊。

隋煬帝大業十一年（西元六一五年），李淵被任命為山西、河東撫慰大使，奉命討捕群盜。對於一般的盜寇如毋端兒、敬盤陀等，都能手到擒來，毫不費力；但對於北鄰突厥，因突厥自恃有鐵騎，民眾又善於騎射，卻是大傷腦筋。經多次交戰，李淵敗多勝少，突厥兵更是肆無忌憚，李淵視之為不共戴天之敵。

西元六一六年，李淵被詔封為太原留守，突厥竟用數萬兵馬多次衝擊太原城池，李淵遣部將王康達率千餘人出戰，幾乎全軍覆滅。後來巧使疑兵之計，才勉強嚇跑了突厥兵。更可惡的是，盜寇劉武周，突然進據歸李淵專管的汾陽宮（隋煬帝的離宮之一），掠取宮中婦女，獻給突厥。突厥即封劉武周為定楊可汗。另外，在突厥的支持和庇護下，郭子和、薛舉等紛紛起兵鬧事，李淵防不勝防，隨時都有被隋煬帝藉口失責而殺頭的危險。

人們都以為李淵懷著刻骨仇恨，會與突厥決一死戰。不料李淵竟派遣謀士劉文靜為特使，向突厥屈節稱臣，並願把「美女玉帛」統統送給始畢可汗！

李淵的這種屈節讓步行為，就連他的兒子都深感恥辱。李世民在繼承皇位之後還念念不忘：「突厥強梁，太上皇（即李淵）……稱臣於頡利（指突厥），朕未嘗不痛心疾首！」

李淵卻「眾人皆醉我獨醒」，他有他自己的盤算，屈節讓步雖然樣子上難看一點兒，但他意識到能屈能伸方可成為大丈夫。

原來李淵根據天下大勢，已斷然決定起兵反隋。要起兵成大氣候，太原雖是一個軍事重鎮，但不是理想的發家基地，必須西入關中，方能號令天下。西入關中，太原又是李淵大軍萬萬不可丟失的根據地。那麼用什麼辦法才能保住太原，順利西進呢？

當時李淵手下兵將不過三、四萬人馬，即使全部屯住太原，應付突厥的隨時出沒，再加上又要追剿有突厥撐腰的四周盜寇，已是捉襟見肘。而現在要進伐關中，顯然不能留下重兵把守。唯一的辦法是採取和親政策，讓突厥「坐受寶貨」。所以李淵不惜屈節讓步，俯首稱臣，且親寫手書：「欲大舉義兵，遠迎主上，複與貴國和親，如文帝時故例。大汗肯發兵相應，助我南行，幸勿侵暴百姓。若但欲和親，坐受金帛，亦唯大汗是命。」與突厥約定，共定京師，則土地歸我唐公，美女玉帛則統統獻給可汗。

退一步，海闊天空。唯利是圖的始畢可汗果然與李淵修好。在李淵最為艱難地從太原進入長安這段時間裡，李淵僅留下第三子李元吉率領少數人馬駐紮太原，卻從未遭過突厥的侵犯，依附突厥的劉武周等也收斂了不少。李元吉於是有能力從太原源源不斷地為前線輸送人員和糧草。

等到西元六一九年，劉武周攻克晉陽時，李淵早已在關中建立了唐王朝。此時的唐王，已在關中站穩了腳跟，擁有了新的幅員遼闊的根據地，劉武周再也不是李淵的對手了。李淵派李世民出馬，不費多大力氣便收復了太原。

再一重要原因，由於李淵甘於屈節讓步，還得到了突厥的不少資助。始畢可汗一路上送給李淵不少馬匹及士兵，李淵又乘機購來許多馬匹，這不僅為李淵擁有一支戰鬥力極強的騎兵奠定了基礎，「而且因為漢人素懼突厥兵英勇善戰，李淵軍中有突厥騎兵，自然憑空增加了聲勢。

李淵屈節讓步的行為，雖為不少人所不齒，但在當時的情況下，不失為一種明智的策略，它使弱小的李家軍既平安地保住後方根據地，又順利地西行打進了關中。如果再把眼光放遠一點兒看，突厥在後來又不得不向唐求和稱臣，突厥可汗還在李淵的使喚下順從地翩翩起舞呢！

由此看來，暫時的屈節讓步，往往是贏取對手的支持，最後不斷走向強盛的一條有用的妙計。

「成大功者不謀於眾。論至德者不合於俗。」這是秦國嬴政讀《商君書》一開始就看到的兩句話。這兩句話對他影響特深，使得這個本來就心理陰暗、性格孤僻的嬴政，在接受秦國傳統文化薰陶後，變得更加冷漠、殘酷，對一切人都不信任，對眾人都仇視，唯一追求的就是個人的功利。

為了個人目的，他可以忍耐旁人無法忍受的壓力，在長達數年之久的秦王之位上，甘心坐冷板凳，眼睜睜地看著呂不韋在身邊頤指氣使地發號施令。他甚至視而不見地任憑呂不韋之流出入自己母親的後宮，眼看著他們在母后的床第間恣意歡樂。但是，這種壓抑的性格，潛藏著令人們想都沒想到的仇恨，一旦得志他會像豺狼一樣吃掉任何一個人。說他「居微易出人下，得志亦輕食人」，簡直恰當極了。

不過，在秦王政八年之前，他必須保持沉默，必須裝聾作啞，裝得什麼也不懂，任呂不韋擺佈。尤其是《呂氏春秋》公佈後的一段日子裡，嬴政似乎像是什麼事都沒有發生一樣，沒說一句評論的話，甚至沒有任何表情。令呂不韋捉摸不透。

事實上，嬴政這些日子緊張極了。下朝以後他匆匆忙忙回到後宮，顧不得和宮女們嬉鬧，就伏在案上閱讀《呂氏春秋》，他急於弄清呂不韋這部書裡寫的什麼內容，他要幹什麼。

「咚咚」，宮中巡夜的衛士敲著警器已經走過三遍，滴漏刻示標出已是夜大半的時刻。可是宮中的秦王寢殿內還亮著燈光，嬴政從晚飯後一直伏在案上看《呂氏春秋》。他眼睛從簡上掠過，腦海裡翻江倒海似的掀起波濤。書中所寫的內容，有的使他拍案讚賞，有的則令他憤怒髮指，不知不覺已到深夜。宮女、侍衛們偷偷地看了幾次，誰也不敢請他睡覺，他們都納悶，究竟是什麼吸引秦王如此動情。

「好！說得好。」忽然聽到嬴政大叫，下人忙進來看，誰知嬴政原來是看書入神自言自語，高興得大叫。他看到的是《有始覽・謹聽》中的一段文字：

「今周室既滅，而天子已絕，亂莫大於無天子，無天子則強者勝弱，眾者暴寡，以兵相殘，不得休息。」

當時東、西周均被秦所滅，掛名的「天子」確實「已絕」，年輕的秦王嬴政儼然以未來的天子自居，當然欣賞這種重新建立以「天子」為中心的、統一的中央集權的新秩序的言論和主張，所以對於戰爭實現統一的目的理論也由衷地贊成。同時，他對於以武力的方式完成統一大業，也頗讚賞，比如《孟秋紀・禁塞》中所寫的：「故攻伐者不可非，攻伐不可取；救守不可非，救守不可取。惟義兵為可。兵苟義，攻伐亦可，救守亦可。」

這裡說的「義兵」就是指消滅各諸侯國割據、實現統一的秦軍。《呂氏春秋》中還明確提出戰爭勝利後要建立統一的政權、統一的法令。《審分覽・不二》中所寫的：「必同法令，所以一心也；智者不得巧，愚者不得拙，所以一眾也；勇者不得先，懼者不得後，所以一力也。故一則治，異則亂；一則安，異則危。」

呂不韋當政期間進行了統一戰爭，正是《呂氏春秋》中提出的上述主張的具體實踐。看到這裡，秦王嬴政知道了，在主張用武力消滅各諸侯國、建立中央集權的統一政府方面，呂不韋想法和自己是一致的。

在求人辦事方面，新處世學有一套較好的辦法。

一、謙虛

在表達有關意思時不用「我」而使用其他比較謙虛的自我稱號，以免盛氣凌人，令人反感。例如：「晚輩失禮了，這點事還要麻煩先生。」

表示謙虛，這也是禮貌交往的一個重要原則，在比較正規的場合，尤其需要如此。

二、尊重對方

在表達有關意思時，使用指代詞等把時間、地點等方面的視點推遠。例如：「那種事情用不了你多大功夫。」

細細體會，使用指代詞確實比使用近指代詞顯得婉轉一些。

例如：「上頭規定這事由我負責，所以我非求你不可。」在為公務求人時，陳述規定是一種比較通行的做法。這比以個人的口氣發號施令要禮貌得多。在平常規勸人的時候，這種方法有時也適用。

三、不要做忘恩負義的人

在提出請求、願望等時，表示自己將對人非常感激，並且會銘記人家所做的一切。例如：「如蒙鼎力相助，我們將不勝感激。」「你的大恩大德，我們終生不忘。」

尊重別人的勞動，特別是重視別人對自己的幫助，這是人際交往的一條重要原則，應該在語言中表達出來。

四、表達自己左右為難的心態

就是使用自相矛盾的話把有關意思表達出來。例如：「我本來不想跟你提這事，可是還是提了。」

回答人家的問話，有時表示肯定不好，表示否定也不好，使用模棱兩可的話比較合適。

五、用「反語」督促對方辦事

使用反語來表示親密的揶揄、暗暗的責備等，以免話語過分呆板，令人感到不大自在。例如：「你真會開玩笑！」（實際上對方不開玩笑）。「朋友找你幫忙，看你多熱心！」（實際上他很冷漠。）

反語要是使用得當，可以打破僵硬的對話氣氛，密切雙方關係並顯得比較輕鬆愉悅。

六、向對方請教看法

透過反問式修辭問句把有關意思表達出來，以免直陳己見，顯得缺乏涵養例如：「我能怎麼辦呢？」（比較：事情太糟了，我什麼辦法也沒有。）

在有些語言場合，使用反問式的疑問句確實比直陳胸臆要委婉、得體一些。

七、間接地表達看法

就是使用含有多種解釋的話語，把有關看法間接地表達出來，以免直接與對方產生分歧，例如：「這可是一種見仁見智的事情。」（你說好也行，你說不好也行。）

對某件事發表意見，在不清楚對方觀點和態度的情況下，最好不要隨意表態。含糊一點兒，靈活一點兒，則可能更好些。

八、「含沙射影」地說明看法

就是用不點名道姓的辦法把有關意思表達出來，以免叫人面子難下。例如「好像有人在上面阻礙我們。」（比較：這事是你幹的。）

在遇到有人故意刁難、請求對方高抬貴手時，不把事情點破，儘量照顧人家的面子，是非常有益的。

九、將大事簡單化

就是使用籠而統之的話把有關建議或要求表示出來，避免吆來喝去，令人反感。叫人做事，有時只要講講必要性就可以了。如果加一點兒鼓勵的詞語，效果則更好。

十、訴苦以求助的方法

就是使用說半句留半句的方法把有關想法或要求表達出來，做到點到為止。例如：「我們公司已經半年沒發工資了。你們一下子收這麼多費用……」直接了當阻止別人做某事是頗為令人惱火的，有時只要把不好的可能性稍稍點一點，人家就很明白了。

厚黑有理

宋代蘇洵在《審敵》中寫道：「為一身謀則愚，而為天下謀則智。」為個人謀利益則思維狹隘，為天下謀利益則思維開闊。它的主要原因就是，為個人私利考慮得多，就必然將個人的利益凌駕於許多人的利益之上，思維基礎的變化必須導致思維結局的變化。所以，只有思維開闊，不受私利的狹隘觀念所限制，才能使一個人的思維清醒、正確、明智。

05 厚黑求人，往自己臉上貼金

我們這個民族，是個內向的民族，在這個民族中，一般說來，人們都不善於自我推薦。一提到別人，可以滔滔不絕，把別人的優點或缺點分析得頭頭是道；一講到自己，特別是提到自己的優點，不是難以啟齒，就是借講自己的缺點拐彎抹角地講出自己的成績，以為不這樣，就不能表現出自己的謙虛。這就成了我們求人辦事的最大障礙，也與「往臉上貼金」的厚黑辦事術背道而馳。

按照《厚黑學》的觀點，在社會上生活的人，誰都要滿足自我的需要，都希望別人能承認、尊重、賞識自己的知識和才能。為了達到說話辦事的目的，每個人都在不斷地想方法在他人面前表現或推銷自我，以使對方從心理上接受自己，為求人成功開通道路。

「威震乾坤第一功，轅門畫鼓響咚咚。雲長停盞施英勇，酒尚溫時斬華雄。」這是《三國演義》第五回中讚揚關羽溫酒斬華雄這一壯舉的詩篇。然而，對於關羽來說，與華雄交手的這一機會真是得來不易。

十八路諸侯討伐董卓時，袁紹為盟主，袁術為督糧官，孫堅為先鋒，曹操是聯合討伐董卓的發起人，在各路諸侯中也很有地位。劉備當時不過是個卑小的縣令，關羽、張飛一個是馬弓手，一個是步弓手，受諸侯之一、影響不大的公孫瓚之邀，也參加了討伐董卓的行動。

董卓部將華雄當先率精兵五萬，迎戰袁紹等人，眾諸侯出師不利，接連受挫。華雄勇敢善戰，先斬鮑信的弟弟鮑忠，攻破孫堅的營寨。接著又殺了袁術的驍將俞涉、韓馥的大將潘鳳，眾諸侯大驚失色。

袁紹說：「可惜吾上將顏良、文醜未至！得一人在此，何懼華雄！」話音剛落，關羽大呼而出：「小將願往斬華雄頭，獻於帳下！」袁紹問關羽現居何職，公孫瓚告訴他是劉備手下的馬弓手。袁術大喝：「汝欺吾眾諸侯無大將耶？

量一弓手，安敢亂言！與我打出！」曹操急忙出面：「公且息怒。此人既出大言，必有勇略；試教出馬，如其不勝，責之未遲。」袁紹說：「使一弓手出戰，必被華雄所笑。」曹操說：「此人儀表不俗，華雄安知他是弓手？」經曹操苦勸，關羽才得以出戰華雄。臨行前，曹操命令賜熱酒一杯為他壯行，關羽讓暫且斟下，提刀上馬。不多時，關羽回帳，把華雄的人頭擲在地上，曹操所賜之酒尚溫。

這時，張飛高聲大叫：「俺哥哥斬了華雄，不就這時殺人關去，活拿董卓，更待何時！」袁術大怒：「俺大臣尚自謙讓，量一縣令手下小卒，安敢在此耀武揚威？都與吾趕出帳去！」曹操說：「得功者賞，何計貴賤乎？」袁術說：「既然公等只重一縣令，我當告退。」曹操怕鬧翻，讓公孫瓚帶劉備、關羽、張飛回寨，暗使人送酒肉撫慰三人。

善於自我推銷的厚黑人士，雖然有可能面臨著失敗和被人嘲諷的可能，但這正是人生走向成功的關鍵一步，歷史上便有許許多多這樣的奇人異士，他們透過自我推銷而走上了成功的人生之路，毛遂自薦便是最出名的一個例子。

毛遂自薦的故事歷來被人們所熟知，這就說明了有才華的也要善於表達自己，試想一下，如果沒有毛遂勇敢地站出來推銷自己，歷史還會記下他的名字嗎？

西元前二五八年，秦軍包圍了趙國的都城邯鄲。趙王派平原君出使楚國，與楚聯盟抗秦。

平原君準備帶領二十名精明強幹、文武兼備的門客跟隨。他精心挑選了一番，只選出了十九名，再也選不出中意的人了。這時門客中有個叫毛遂的走上前來，向平原君自我推薦說：「我聽說您將要出使楚國，準備帶家中門客二十人，現在還缺一人，希望您就把我當成其中的一員吧。」

平原君說：「先生到我的門下幾年了？」

毛遂說：「已經三年了。」平原君說：「有才能的人處在世上，就像一把錐子放在口袋裡一樣，那鋒利的錐尖很快就會透出來。如今先生在我門下住了三年，可是左右的人沒有稱頌你的，我趙勝也沒有聽說你呀。這似乎說明你沒有什麼才能，先生還是留在家裡吧。」毛遂說：「我只是今天才請求你把我裝進口袋裡去罷了。假如我這只錐子早一點進口袋裡，早就脫穎而出了，難道僅僅只是露一點鋒芒嗎？」

平原君於是答應帶毛遂與十九人同去楚國。

到了楚國，平原君和楚王在朝廷上談論合縱抗秦大事，毛遂與其他十九人在臺階下等候。他們從早晨一直談到中午竟毫無結果。其他門客對毛遂說：「先生你上去談一談吧。」

毛遂於是拿著寶劍，沿著石階，一步步走上去，對平原君說：「合縱的利害關係明明白白，兩句話就可以說完，可是今天太陽一出來就開始討論，直到中午還沒有結果，這是為什麼呢？」

楚莊王問平原君：「這人是幹什麼的？」平原君說：「是我的門客。」楚王呵斥道：「還不給我退下去，我正在同你的主人說話，你來幹什麼？」毛遂按劍而上前說：「大王竟敢如此呵斥我毛遂，憑藉的是楚國人多嗎？眼下，在十步之內，大王無法依仗人多勢眾，大王的性命就懸在我手中。我的主人在眼前，你呵斥我幹什麼呢？況且，我聽說商湯憑方圓七十里的土地就可以在天下爭王，周文王憑方圓百里的地盤，而使諸侯歸附稱臣，哪裡是僅因為他們的兵多呢？現在楚國有方圓五千里的土地，拿著兵器的將士亦有百萬，這是你稱霸的極好資本，天下誰能抵擋呢？然而事實上楚國卻連連受辱。白起，只不過是秦國的末將，僅率領幾萬人馬，就敢起兵與楚作戰。第一戰就拿下了你的鄢、郢，第二仗就燒毀了你的夷陵，第三仗污辱了大王的宗廟，這是世世代代的怨恨，連趙國也為之感到羞恥，但是大王卻淡忘了這種刻骨仇恨。合縱之事，主要為的是楚國，而不是趙國啊！你還有什麼拿不定主意呢？」楚王被說服了，當場表示：「是的，的確像先生說的，為保全我楚國的江山社稷，我們參加抗秦。」毛遂問：「大王決定了嗎？」楚王說：「決定了。」毛遂對左右的官員說：「請把狗、雞、馬的血拿上來。」毛遂捧著盛血的銅盆跪著獻給楚王，說：「那就請大王和我的主人平原君歃血為盟吧。」就這樣，楚趙聯合抗秦的盟約就確定了。

厚黑有理

毛遂憑藉三寸不爛之舌最終說服了楚王，使趙國暫時避開了強秦的威脅，毛遂這個未放入口袋的錐子也最終脫穎而出，成了平原君門下的重要門客。做人要有真本事，濫竽充數之人雖然可以蒙蔽別人一時，卻不可能蒙蔽別人一輩子，但做人也怕有了真本事也不會表達自己，空有一身才華卻無人賞識，正所謂「好酒也怕巷子深」，所以一個人若想出人頭地，適當的時候站出來推銷自己，要比躲在角落裡等著被別人發現強百倍、千倍都不止。

4

捧人求人法

01

順著哄著捧著

吹捧對方，首先可以把他美化成道德上的「完人」，比如說他人品有多麼的好，有多麼的講義氣，這就讓他拒絕你的時候很困難，甚至不好意思開口拒絕你。其次可以把對方標榜為能力上的「超人」，那麼分內的小事自然不在話下。誇大某人的能力，這些話他聽了自然會很高興。

美國黑人富豪詹森決定在芝加哥為公司總部興建一座辦公大樓，出入無數家銀行，但始終沒貸到一筆款。於是決定先上馬後加鞭，設法將自己的兩百萬美元湊集起來，聘請一位承包商，要他放手建造，自己想方設法籌集所需要的其餘三百萬美元。

建造工程持續施工到所剩的錢僅夠再花一個星期的時候，詹森和大都會人壽保險公司的一個主管在紐約市一起吃晚飯。詹森拿出經常帶在身邊的一張藍圖準備攤在桌上時，保險公司主管對詹森說：「這兒我們不便談，明天到我的辦公室來。」

第二天，當詹森斷定大都會公司很有希望給他抵押借款時，他說：「好極了，唯一的問題是今天我就需要得到貸款的承諾。」

「你一定在開玩笑，我們從來沒有在一天之內給過這樣貸款的承諾。」保險公司主管回答。

詹森把椅子拉近說：「你是這個部門的主管。也許你應該試試看你有沒有足夠的權力把這件事在一天之內辦妥?」對方微笑著說：「你這是逼我上梁山，不過，還是讓我試一試看。」他試過以後，本來他說辦不到的事終於辦到了，詹森也在錢花光之前幾個小時回到了芝加哥。

這裡的關鍵是務必找到並擊中對方的要害，迫使他就範。就這件事兒來說，要害就是那位主管對他自己權力的尊嚴感，他受到極大的誇獎之後，心裡自然就會產生一種順從這種誇張的心理，並且會有強烈的慾望要把這種誇張的東西變成現實以證明自己的能力。

某工程機械製造廠的科長對他的一個部屬說：「小齊，你看起來氣色蠻好的嘛，聽說最近挺清閒的？你看人家小賈多忙，在這個社會上，總是能者多勞。不過聽說你的英文很棒，反正閒著也是閒著，幫我翻譯一篇稿子，這個禮拜就要！」

「這禮拜？我恐怕要跟你說聲抱歉，下星期一我有一個考察，必須準備一些相關資料，恐怕沒時間為你翻譯，科長不也是大學畢業嗎？我看根本不用託我嘛，反正連正職的工作我都做不好，就別說翻譯這麼重要的事情了。」

「啊，我知道了，算了，不求你也罷。」

上面的科長是在求人辦事嗎？找下屬替自己翻譯，是要去「說服」而不是「貶低」他。拿對方同別人相比，言辭間流露出批評之意，甚至還抨擊對方工作沒做好。如此一來，對方哪還會想替你做事？這實在是個說話糟糕透頂的科長。

事實上許多人都是這個樣子，傷害了他人的自尊，卻還一副若無其事的樣子，礙於上司下屬的關係，對方即使受到傷害，也不至於當場和你翻臉，但長期下來，下屬心中對於上司的不滿久而久之也會忍不住溢於言表了。

如果那位科長像下面這樣說話就不會碰壁了：「小齊，你最近有空嗎？聽說小賈最近很忙，知識經濟時代嘛，總是能者多勞啊。下周你又要外出考察，你現在一定很忙吧！我聽人說你的英文很不錯，不知能否抽空幫我翻譯一篇文章？是非常重要的資料，這個星期就急著要的，你看行嗎？」

「這周就要嗎？科長您都不敢掉以輕心，看來這篇翻譯想必非常重要。雖然不知是否能讓您滿意，我一定會全力以赴的！」聽了上面的話，小齊一定會接受。

「我就知道你絕對沒問題，不然我也不會來找你了，那就拜託你啦！」如此和氣又尊重的請託，誰會忍心拒絕呢？這是由於對方的自尊心得到了極大的滿足。

無論是誰，對自身的東西都會有一分自豪、珍惜之心。尊重這份感情，也就能贏得對方的信賴。下屬若能在工作上得到上司的肯定，就很容易產生「甘為對方赴湯蹈火」的情感，而傷害對方的自尊可說是求人辦事的一大禁忌。

厚黑有理

恭維並非小人之計，虛心的恭維會讓人難以抵抗。當別人稱讚自己時，自己會做出一副謙虛的樣子，但心裡卻由衷地感到高興，同時也會對稱讚自己的人有一種好感。所以，要達到說服他人的目的，不妨先恭維他一番，但要注意的是，不要借貶低別人來恭維對方，否則會讓人覺得你是「小人之心」，不懷好意。

02 對方喜歡什麼你就給什麼

俗語說：「人心隔肚皮。」意思是指不容易知道別人的真正意向，但研究精神分析學的人卻認為人心是「包著幾層皮」的。

他們認為最內層是「自我」，即一切為自己打算做出發點。自我的外層，是「下意識」。這兩層的外表，大概要包上四、五層的「皮」，你很難發現它的真相。我們在日常生活中，自然不必像精神分析家那樣研究到對方的「最深層」，但最低程度應該替對方想一想，只要你站在對方的立場稍加推敲，你就可以把對方的內心「思過半矣」。

投其所好是目前許多人都善於運用的交際術之一。比如，某人喜歡看電影，或對某人特別崇拜，若去找他，一開始就大談電影和介紹某人的情況，他一定會喜歡的。等到他心花怒放時，內心所有的皮都被剝開，一切就容易解決了。但這不要和「拍馬屁」混為一談。

社會上有許多人常用滿口的奉承話來應付朋友，他們常對他人的事務或嗜好表示意見。比方某人知道你是做印刷生意的，他就為了迎合你的興趣，大講其印刷經；當他知道你是喜歡釣魚時，就大講其釣魚之道。曉得運用這種方法的人，自然都是逢迎能手。

但是要注意，這種做法，往往會引起別人的憎厭，理由很簡單，你所講的對方未必都會有同感！

你要得到別人的合作，需要瞭解別人的意願，因為對方的感受和投入程度絕不會與你相同。假如你自己不吸菸，甚至對菸味極度討厭，這不過是你個人的感覺，但你吸菸的朋友可能同意你的感覺嗎？如果他們也和你一樣厭惡菸味，他們就不會吸菸了。

因此，你向那些吸菸的朋友表示你厭惡香菸是沒有效果的，你只要說「不吸菸」就夠了。

有家百貨公司，他們的職員要受到特別訓練，比方說，有一個客人來選購西服，選來選去，選中了兩套，但他只想買其中的一套，所以，必須在兩者之間選擇一套。這種情形是常有的，顧客的心理，並不是考慮兩套西服的品質如何，只不過是難以取捨罷了。

如果這時售貨員這麼說：「我以為這一套比較好，因為色澤和質地都更適合你。」客人聽到你這麼說，保證會買下這一套的。這就是掌握了顧客心理活動變化的效果。

還有，他們絕不會向顧客說：「這件東西比較便宜。」而會婉轉地說：「這件東西比較耐用。」或「實用」之類的話，藉以掩飾顧客的「貪便宜」的自卑感。

厚黑有理

其實，貪便宜的心理人人都有，我們在應酬上要討取別人的好感，不妨偶然向別人施捨點兒小便宜。好好地利用這種心理去應酬，也是一條成功的路徑，這並不是詭詐，正當地運用起來，並不比其他方法遜色。

03 不吝讚美，不惜吹捧

李宗吾認為，對讚美的渴求源於人的本性，具有無窮的力量。人不僅需要物質需求，更重要的還有精神需求，讚美給予人們的不僅僅是自尊心，還能給人以自信和力量，這種精神的力量是無法用其他東西所代替的。

說一句簡單的讚美話，實在不是一件困難的事情，只要你願意並留心觀察，處處都有值得讚美的地方。適時說出來，會讓你的事情辦得順風順水。

法國總統戴高樂一九六〇年訪問美國時，在一次尼克森為他舉行的宴會上，尼克森夫人費了很大的勁佈置了一個美觀的鮮花展臺：在一張馬蹄形的桌子中央，鮮艷奪目的熱帶鮮花襯托著一個精緻的噴泉。

精明的戴高樂將軍一眼就看出這是女主人為了歡迎他而精心設計製作的，不禁脫口稱讚道：「女主人為舉行一次正式宴會要花很多時間來進行這麼漂亮、雅緻的計劃和佈置。」

尼克森夫人聽了，十分高興。事後，她說：「大多數來訪的大人物要麼不加注意，要麼不屑為此向女主人道謝，而他總是想到和講到別人。」

事後，在以後的歲月中，不論兩國之間發生什麼事，尼克森夫人始終對戴高樂將軍保持著非常好的印象。可見，一句簡單的讚美的話，會帶來多麼好的反響。

馬克・吐溫曾說過：「一句精采的讚詞可以代替我十天的口糧。」渴望得到讚美是每個人內心中最迫切的需求之一，恰到好處地讚美別人，自然會得到別人的回應與讚美。

在許多場合，適時得當的讚美常常會發揮神奇的功效。林肯曾經說過：「人人都需要讚美，你我都不例外。」在人與人之間，無論是朋友之間、夫妻之間、師生之間、父母和子女之間，還是主管與下屬之間，互相讚美是必不可少的。

有一位著名的企業家給員工陳述了這樣一件事情。在他還是一名見習服務員的時候，常常對生活不滿意。特別是上班的第一天，他在雜貨店裡忙了整整一天，累得筋疲力盡。他的帽子歪向了一邊，工作服上沾滿了點點污漬，雙腳越來越疼。他感到疲倦和洩氣，似乎覺得自己什麼也幹不好。好不容易為一位顧客列完了一張煩瑣的帳單，但是這位顧客的孩子們卻三番五次地要更換，他已經忍耐到了極限。

這時候，孩子們的父親一邊給他小費，一邊笑著對他說：「幹得不錯，你對我們照顧得真是太周到了！」突然，他就感覺到疲倦消失得無影無蹤了。後來，當經理問到他對頭一天的工作感覺如何時，他回答說：「很好！」正是顧客那幾句讚美的話把一切都改變了。

讚美就像是照在人們心靈上的陽光，沒有陽光，我們就無法發育和成長。讚美不僅是一種悅耳的聲音，更是一種力量，一種可以提升我們生活質量的強大力量。

古時候有一個說客，當眾誇下海口說：「小人雖不才，但極能奉承。平生有一願望，就是要將一千頂高帽子戴給我最先遇到的一千個人，現在已送出了九百九十九頂，只剩下最後一頂了。」

有個長者聽後搖頭說道：「我偏不信，你那最後一頂用什麼方法也戴不到我的頭上。」

說客一聽，忙拱手道：「先生說得極是，不才從南到北，闖了大半輩子，但像先生這樣秉性剛直、不喜奉承的人，委實沒有！」長者頓時手拈鬍鬚，洋洋自得地說：「你真算得上是瞭解我的人啊！」

聽了這話，那位說客立即哈哈大笑：「恭喜恭喜，我這最後一頂帽子剛剛送給先生你了。」

雖然這只是一則笑話，但它卻有深刻的寓意。其中除了那位說客的機智外，更包含了人們無法拒絕讚美之詞的道理。

厚黑有理

讚美不等於奉承，欣賞不等於諂媚。恭維與欣賞主管的某個特點，意味著肯定這個特點。只要是優點、是長處，對集體有利，你就可以毫無顧忌地表達你的讚美之情。主管也需要從別人的評價中，瞭解自己的成就以及在別人心目中的地位。

當受到稱讚時，他的自尊心會得到滿足，並對稱讚者產生好感。你的聰明才智需要得到賞識，但在他面前故意顯示自己，則不免有做作之嫌。主管會因此認為你是一個自大狂，恃才傲慢，盛氣凌人，而在心理上覺得難以相處，彼此間缺乏一種默契。學會說讚美的話，當你托人辦事時，你將會領悟到其中的妙用。

04 拍馬不驚馬

李宗吾說，俗語說：「逢人短命，遇貨添錢。」諸君想必都知道，假如你遇著一個人，你問他幾歲？他答：「今年五十歲了。」你說：「看先生你的面貌，只像三十幾的人，最多不過四十歲罷了。」他聽了，一定很歡喜，是之謂「逢人短命」。又如走到朋友家中，看見一張桌子，問他買成若干錢，他答道：「買成四元。」你說：「這張桌子，普通價值八元，再買得好，也要六元，你真是會買。」他聽了一定也很歡喜，是之謂「遇貨添錢」。這兩招其實都是奉承人的辦法，也就是常說的「拍馬屁」。拍馬屁也是一種功夫，沒有厚臉皮，沒有隨機應變的本領，也是拍不好馬屁的，說不定會拍錯了地方，招來殺身之禍。

求人辦事的時候，就要適當的拍馬屁。關於拍馬屁，詞典中解說：「拍馬屁，指奉承人家的意思。」從古至今，奉承話人人會說，且大都說過。換句話說，人人都做過某種奉承拍馬的事情，但如何做到「拍馬不驚馬」卻是很不容易的事。

有一次，乾隆皇帝問紀曉嵐：「紀卿，『忠孝』二字作何解釋？」

紀曉嵐答道：「君要臣死，臣不得不死，是為忠；父要子亡，子不得不亡，是為孝。」

乾隆立刻說：「那好，朕要你現在就去死。」

「臣領旨！」

乾隆說完就後悔了，但自己是金口玉言，豈能說話不算數。何況邊上有許多大臣，改口就太沒面子了。

紀曉嵐磕頭遵旨，然後匆匆跑到後堂。不一會兒，他就回到乾隆皇帝跟前。

乾隆驚訝地問道：「紀卿怎麼沒有死？」

「我遇到屈原了，他不讓我死。」

「此話怎說？」

「我到了河邊，正要往下跳時，屈原從水裡向我走來，他說：『紀曉嵐，你此舉大錯矣！想當年楚王昏庸，我才不得不死，可如今皇上如此聖明，你為什麼要死呢？趕緊回去吧！』」

乾隆聽後放聲大笑，免了紀曉嵐的死罪。

人們總是喜歡被稱讚，無論是男人還是女人都一樣喜歡被稱讚，尤其是喜歡將自己和別人比，將自己比別人說得好一點，這是人性的弱點，也是人的共性。

清朝李鴻章，位高權重，文武百官都想討好他，以便使自己能升個一官半職。有一年，中堂大人李鴻章的夫人過五十大壽，這自然是個送禮的大好時機，壽辰未到，滿朝文武早已開始行動了，生怕自己落在人後。

消息傳到合肥知縣那裡，知縣也想送禮，由於李鴻章祖籍合肥，這可是結攀中堂大人的絕好時機。無奈一個小小知縣囊中羞澀，禮送少了等於沒送，送多了又送不起，這可愁壞了知縣大人。

師爺看透了知縣的心思，滿不在乎地說：「這還不好辦，交給我了。保準你一兩銀子也不花，而且送的禮品讓李大人刮目相看。」

「是嗎？快說是什麼禮物？」

「一副壽聯即可。」

「壽聯？這能行嗎？」

「你儘管放心，此事包在我身上，包你從此飛黃騰達。不過，這壽聯寫好後要由你親自送去，請中堂大人過目，不能疏忽。」

知縣滿口答應。第二天，知縣帶著師爺寫好的對聯上路了，他晝夜兼程趕到京城，等到祝壽這日，知縣報了姓名來到李鴻章面前，朝下一跪：「卑職合肥知縣，前來給夫人祝壽！」

李鴻章看都沒有看他一眼，隨口命人給他沏茶看座，知縣連忙取出壽聯雙手奉上。李鴻章順手接過，打開上聯：「三月庚辰之前五十大壽。」李鴻章心想，這叫什麼句子？我夫人是二月的生日，這「三月庚辰之前」豈不是廢話？李鴻章又打開下聯：「兩宮太后以下一品夫人。」這「兩宮」即指當時的慈安和慈禧。李鴻章見「兩宮」字樣，不敢怠慢，連忙跪了下來，命人擺好香案，將此聯掛在《麻姑上壽圖》的兩邊。

這副對聯深得李鴻章的賞識，自然對合肥知縣另眼相看，而這位知縣也因此官運亨通了。

厚黑有理

讚美是溫暖靈魂的力量，任何人都需要讚美。讚美就像陽光一樣，沒有它的照射我們就無法生存。

我們必須清楚，承認一個人的價值和讚美一個人，與「奉承」是有區別的。「奉承」是毫無事實根據地混淆是非、顛倒黑白，而讚美卻是在他人優點的基礎上適當地加以誇張，因而使聽者感到溫暖，無意中會對說話人產生一種親切感。這是人與人和諧相處的有力武器！

5

送禮求人法

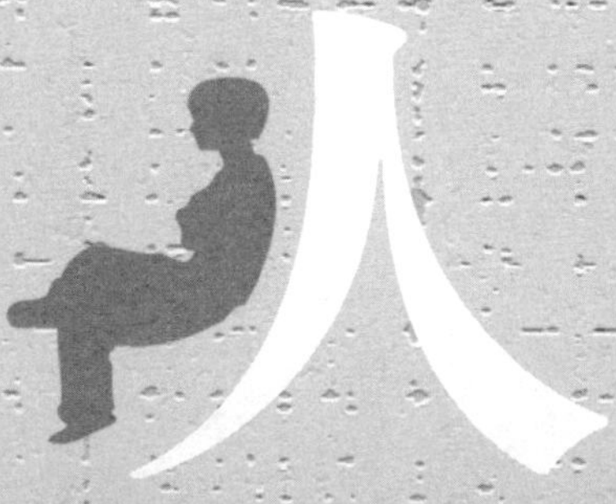

01

救人救急，送禮送需

常言道，「錦上添花，不如雪中送炭」。「雪中送炭」可以說是「送」的最高境界，因此，「送」的原則，就是想對方之所想，急對方之所急，送對方最急需的東西。

日本前首相田中角榮在擔任自民黨幹事長時，雖然他要忙著主持自民黨選舉事務，但他也不忘記派人將慰問金送到落選的議員家中，並且勉勵他們不要氣餒，下次重新再來。

對落選的議員來說，田中角榮的勉勵已經使他們深受感動，而送慰問金，更加深了他們的感激之情。在此之後，擁戴田中角榮的人越來越多，竟形成了一個「田中派」。

相反，如果田中角榮在此時將相同的金額或禮品送至當選的議員家中，情況就不同了，那些禮品、禮金就成了錦上添花，一點也不特殊，更不能取得效果。

人們對金錢的標準，往往因狀況不同而有很大的差異，因此，精通厚黑術的人更懂得「雪中送炭」遠比「錦上添花」更有意義。

每個人活在這個世上，都不可能不有求於人，也不可能沒有助人之時。但是，怎樣幫才幫得更有意義呢？請記住一條規則：「救人一定要救急，錦上添花，不如雪中送炭。」

有成功，就有失敗；有得意者，就有落魄者。或許你昨天還是成功的典範，是一個意氣風發、春風得意的人；到了今天，你就可能由於某種原因而一貧如洗，變成一個普普通通的人，甚至還不如普通人的落魄者……在商品社會，這種現象並不罕見。

道理很簡單，如果他人有求於你，說明他正等待著有人來相助；如果你已經應允了，就必須及時兌現。如果他人沒有應急之事，也不會向你求助，因為一般人都不願輕易求人。所以，在別人困難的時候拉別人一把是不會被忘記的。安德海曾在慈禧太后危難之機，為之冒死傳遞詔書，由此深得信任與寵愛。

咸豐十一年（西元一八六一年）六月駕崩於承德，享年三十一歲。八大臣即扶六歲的皇太子載淳在靈柩前繼位。在京的王公大臣聞訊後都聚在恭親王那裡議事，對不召恭親王參與此事感到不滿。恭親王雖未作聲，但心裡卻有了打算。他為了摸清離宮諸人態度，當即寫了一道奏摺，請求去承德奔喪。

肅順等人見奏摺，怕恭親王來後與慈禧太后串通起來對付他們，當下擬旨，說是京師重地留守要緊，且勿來奔喪，一面又加強對慈禧太后的監視。慈禧很火，但因肅順挾持著小皇上，她一時也沒有辦法。

恭親王接到聖旨，知道是肅順搞的，但因為是聖旨，不能違抗，也是急得束手無策。就在這時，軍機大臣文祥以及內務趙主事押了太監安德海來，要見恭親王。

恭親王聞聽這幾個人把安德海押了來，知道其中必有文章，所以當下命門官放他們進來，其他人概不准入內。

安德海是慈禧太后的寵監，怎麼被押入京呢？

這得從恭親王的奏摺說起。恭親王要求去離宮奔喪，被肅順等人借聖上旨意給駁了，此事被安德海知道了，安德海祕密地告訴了慈禧太后。慈禧太后不甘心處於被動地位，她思來想去，心生一計，讓安德海告訴御史董元醇奏請兩宮太后垂簾聽政。

董元醇遵照慈禧旨意寫了一道奏摺，交給了八大臣。

怡親王載垣看罷奏摺，拍案大罵：「混帳主意，我朝自開國以來，哪有什麼垂簾聽政！」

肅順道：「這明明是有人指使，應立刻駁回，免得他人再生事端！」

怡親王道：「對！駁回去！」當下提筆在原奏摺上批下了一行字：「如再敢萎言亂政，當即按大清律例加罪處置！」

慈禧得知後，氣得渾身發抖，心想：如不除掉肅順這幫人，自己便有生命危險，當下與慈安太后商議。慈安太后本無意垂簾，但架不住慈禧太后一個勁兒地說，而且說得十分危險，於是也動了心。

慈禧道：「除了密召恭親王來處置，別無良策，恭親王總是我們弟兄，當今的皇叔呀！」

慈安道：「那就叫他來吧。」

當下擬了懿旨，可是派誰去送呢？當時兩宮太后發起愁來了。因為肅順等人早已派人嚴守宮門，任何人不得隨便出入。

安德海見慈禧愁眉苦臉，便道：「太后，莫不是為那密詔送不出去發愁？」

慈禧道：「正是為此，眼下離宮的形勢你也不是不知，明著送不行，可是密送也有閃失。一旦落入他們手中，就要招來殺身之禍。」

安德海道：「老佛爺，奴才願意冒死傳遞詔書。」

慈禧道：「小安子，難得你一片孝心，可是你天天常在我身邊，他們能不注意你，你又能如何出得了離宮？」

安德海道：「老佛爺，你真是聰明一世糊塗一時，當年三國時，曹操與東吳交兵，東吳來了個周瑜打黃蓋，奸詐的曹操不也照樣中計，肅順未必比曹操聰明多少？」

安德海道：「小安子願當那黃蓋。」慈禧：「那豈不苦了我的小安子。」安德海道：「為了太后，奴才粉身碎骨在所不辭，受點兒苦算得了什麼，只要日後主子多疼奴才就心滿意足了。」

次日，慈禧讓太監宮女重新為她佈置寢宮，安德海當眾道：「先皇剛剛駕崩，太后如此安排，恐怕有些不當吧。」

此話顯然惹惱了慈禧，她當即罵道：「大膽奴才，竟敢干預我宮事，來人呀，給我掌嘴！」

幾個人一擁而上，直打得安德海捂著腦袋連喊饒命。

安德海被打個鼻青臉腫，口吐鮮血。慈禧太后仍然怒氣未消，命人將安德海押送京城交內務府懲辦。

安德海苦苦求饒，慈禧哪裡肯聽，當即把手向外一揮，厲聲喝道：「帶走！」安德海被責的消息很快傳遍了離宮，早有人報予了肅順等人，他們聞訊也甚為開心。

怡親王道：「這安德海可是太后的紅人，怎捨得毒打一頓呢？」

鄭親王道：「那小子該打，平日不得人心，沒少在太后跟前說咱們的壞話。」怡親王道：「一個小小的太監，責打一頓就罷了，還送什麼內務府，真是小題大做！」

肅順道：「這位那拉氏被咱們控制起來，她哪裡服氣，一肚子怨氣沒處發洩，這回趕上她的小安子倒楣了，說不定得把命搭上。」眾人邊說邊笑，可是誰也沒想到這裡的文章。

且說安德海被押入京城，到了內務府，押送人交差之後，取了回文，自回承德。

內務府的趙主事不知內情，當下提審安德海。

安德海什麼話也沒說，偷偷地向趙主事遞了個眼色，趙主事會意了，知道安德海有話要暗中相告。這位趙主事也是慈禧太后的心腹人，當時他命左右退下，低聲道：「安公公有何話講？」

安德海道：「快快送我去見恭親王，慈禧太后命我前來傳遞密旨，並有要事相告。」

就這樣，恭親王立即去了承德，給了肅順一個措手不及，除掉肅順等八大臣，確立了慈禧太后的地位，安德海也隨之青雲直上。

常言道：「滴水之恩，湧泉相報。」其實，這「滴水之恩」也是分場合的，如果一個人處在極度的困境之中而你施加援手，那麼他便可能會感恩一輩子；與之相反的是，一個人處在順風順水、春風得意時，你給他一點好處，他極有可能「人多忘事」。所以，施人以援手最好在別人處在困境之時，這樣便能起到事半功倍的效果。

二十世紀七〇年代初，石油危機波及香港。香港的塑膠原料全部依賴進口，香港的進口商趁機壟斷價格，將價格炒到廠家難以接受的高位。不少廠家因此被迫停產，瀕臨倒閉。

在這個關係許多企業命運的時刻，李嘉誠毫不猶豫地站到了風口。在他的倡議和牽引下，數百家塑膠廠家人股組建了聯合塑膠原料公司。原先單個塑膠廠家無法直接由國外進口塑膠原料，是因為購貨量太小，現在由聯合塑膠原料公司出面，需求量比進口商還大，因此可以直接交易。所購進的原料，按實價分配給股東廠家。在廠家的聯盟面前，進口商的壟斷不攻自破。籠罩全港塑膠業兩年之久的原料危機一下子結束了。

李嘉誠在救業大行動中，還將長江公司的十三萬磅原料以低於市場一半的價格救援停工待料的會員廠家。直接購入國外出口商的原料後，他又把長江本身的二十萬磅配額以原價轉讓給需求量較大的廠家。

危難之中得到李嘉誠幫助的廠家達幾百家之多。李嘉誠因而被稱為香港塑膠業的「救世主」。可見在別人危難時伸手援助，可以為自己建立更深厚的群眾基礎，贏得更多的朋友。

厚黑有理

你在關鍵的時刻幫人一把，別人也會在重要時刻助你一臂之力。初看起來這似乎是等價交換，然而，不管你是一個什麼樣的人，都不可能孤單一人打拼天下，尤其是要使自己的人生局面推廣開來，更離不開與各式各樣的人打交道。

要想讓別人將來幫助你，你就必須先付出精力去關心別人、感動別人，這樣才能贏得別人回報的資本。因此，高明的為人技巧就是急人之難，解人於倒懸之中。

02 求人辦事，禮要先行

人的感情具有物化性，僅用話語來表達你對朋友的關心和友誼不太實際。僅憑兩片嘴唇就能達到辦事成功是不可能的，還要有點物質上的交流。這就需要你運用一些小禮品來溝通與辦事人的關係。

張先生一次開車去看朋友，心想離開朋友家的時候再把禮物從車上拿下來。於是，他空著兩手就進了朋友的家，大家寒暄一番，時近中午，朋友沒有留他的意思。張先生起身告辭，說：「我買了一些東西，放在車上，我去拿下來。」

朋友一聽，馬上說：「今天中午怎麼能走呢？就在我這裡了。」朋友的妻子也立刻轉身去了廚房。那次以後，張先生算明白了一個道理，拜訪朋友，採用兵馬未到，糧草先行的策略，先把禮物一放，不管是大是小，是多是少，只要有禮在，保準辦事一路通行。

在別人給你幫過忙之後，再將禮物送去，對方一定會認為你這樣做是理所當然的。如果你從未拜託人家幫忙，並將禮物煞有其事地送去，受禮者的想法就會大不一樣。他肯定會記著你，一旦有事相求就會竭盡全力幫你。

禮要送在用不著朋友的時候，才能盡顯威力。送禮要送在平時，要知道，好的人際關係才是求人成功的基礎。

「無事不登三寶殿」，當你有事的時候，才想起某某朋友可幫上忙，往往會犯大禮不解近憂的錯誤。即使你想提上大包小包的東西，人家也未必會給你這個方便。朋友維繫關係，功在平時，這樣，朋友之間才可能有求必應。常常有這樣的說法：「你瞧這人，用得著的時候才想起我。」說的就是平時不送禮，有事求人了再去送禮。

有一個經理，退休前，每到年底，禮物、賀卡就像雪片一般飛來。可是退休以後，往年訪客不斷，這時卻寥寥無幾了，更沒有人給他送禮了。正在他心情寂寞的時候；以前的一位下屬帶著禮物來看他，在他任職期間，並不很重視這位職員，可是來拜訪的竟是這個人，不覺使他感動得熱淚盈眶。

過了兩、三年，這位經理被原來的公司聘為顧問，當然很自然地重用提拔這個職員。因為他在經理失勢的時候登門拜訪送上了自己的禮物和心意，因此，在經理心中留下了很深刻的印象。同時，讓他產生了「有朝一日，一旦有機會，我一定得好好回報他」的想法。

人們通常出於面子的需要，覺得一件小東西拿不出手，要送，就送貨真價實的大禮。錢雖然花了不少，但效果卻未必好。特別是第一次見面你提了那麼重的禮物，人家還以為你有什麼不可告人的目的呢，誰還敢收。如果主人不肯收，你的處境就尷尬了，提走不是，不提走也不是，於是，你推我讓，最後，難下臺的還是你自己。

當然，「禮輕」也要看情況而言，要看對方與你的親密程度。隨著雙方感情越來越深，禮品可以適當地加重一些，但無論你送多重的禮品，都只是為了表示感激對方，不要有其他想法。

我們活在一個講「禮」的環境裡，如果你不講「禮」，簡直就寸步難行。送禮要講「手腕」，如果送禮的功夫不到家，就收不到預期的效果。一個人要想能夠成功辦事，就要學習和把握送禮的技巧。一件付出你大量心血、閃爍你誠心的禮品，會使人產生意外的感激之情，其效果即使是最昂貴的珠寶也無法比擬。

厚黑有理

中華民族向來是禮儀之邦，「禮」文化源遠流長。即使在今天，禮尚往來也是人際交往的一項重要內容，在那或輕或重、或多或少的禮物中，我們既可以體會到人情締結的溫馨，又可以享受友好往來的歡樂。

中國是一個重人情的社會，很多事情靠公事公辦往往辦不成。因此，溝通就成了辦事的必要環節，要想有個良好的溝通就應該有所行動，而送禮就是這種行動的最佳表現。同樣的辦事，有的人送禮就能把事情辦成，有的人送禮就沒有什麼效果。可見，送禮也是一門學問。

03 廣積人情，辦事不難

從古至今，但凡大政治家或事業上的成功者無不把精神獎勵當做激勵屬下的重要手段，相應地也就產生了獎牌、獎狀之。類的有別於物質的東西。

唐肅宗問功臣李泌：「將來天下平定，你打算要什麼封賞？」

李泌說：「只要能枕在陛下的大腿上睡一覺就心滿意足了。」

肅宗聽後大笑，後來，肅宗駕臨保定，李泌像往常一樣，為肅宗打點好行宮，因久等肅宗不到，就躺在自己的床上睡著了。等他醒來睜眼一看，自己居然枕在肅宗的大腿上。李泌大吃一驚，連忙跪地謝罪。

肅宗攙住李泌笑問道：「現在愛卿的願望已經實現，天下何時才得平定？」

原來，肅宗到來時，見李泌正在酣睡，就悄悄爬上床，把李泌的頭輕輕放在自己的大腿上，以此了卻了李泌的一大心願。

在厚黑學看來，肅宗以一條大腿付出片刻之勞，這種小小的感情投資，令功臣感激涕零，那簡直太值得了。

由此可見，感情投資不在乎有沒有東西或者東西的多少，有些時候也許一文不值的東西也能籠絡人心。常言道：「士為知己者死，女為悅己者容。」能為知己者死的，必欠下了天大的人情，因此償還人情也就成了他們矢志不渝的目標。

西元前二三九年，燕國太子丹在秦國做人質，秦國對他很不友好，太子丹對此懷恨在心，偷偷逃回燕國，於是秦國派大軍向燕國興師問罪。太子丹勢單力薄，難以與秦兵對陣，為報國仇私恨，他廣招天下勇士，去刺殺秦王。

荊軻是當時有名的勇士，太子丹把他請到家裡，像招待貴賓一樣，把荊軻照顧得無微不至，終於，打動了荊軻。後來，又對逃到燕國來的秦國叛將樊於期以禮相待，奉為上賓。二人對太子丹感激涕零，發誓要為太子丹報仇雪恨。

荊軻雖力敵萬鈞，勇猛異常，但秦王戒備森嚴，五步一崗，十步一哨，且有精兵護衛，接近秦王難於上青天。

於是，荊軻對樊於期說：「論我的力氣和武功，刺殺秦王不難，難在無法接近秦王。聽說秦王對你逃到燕國惱羞成怒，現正以千金懸賞你的人頭，如果我能拿到你的頭，冒充殺了你的勇士，找秦王領賞，就能取得秦王的信任，並可趁機殺掉他。」

樊於期聽罷毫不猶豫，拔劍自刎。

荊軻帶著樊於期的人頭和督亢地方的地圖，去見秦王，這兩件東西都是秦王想要得到的，但他未能殺掉秦王，反被秦王擒殺，只為後人留下了「風蕭蕭兮易水寒，壯士一去兮不復還」的悲壯詩句和「圖窮匕見」的故事。

樊於期之所以能「獻頭」，荊軻之所以能「捨命刺秦王」，完全是為了回報太子丹的禮遇之恩。「投桃報李」、「滴水之恩，湧泉相報」，足以說明「恩惠」對人心感化的巨大作用。

誰都知道有了「人情」好辦事，但「人情」是有限的，就像銀行存款一樣，你存進去的多，取的就多，存的少，取的就少。你若和別人只是泛泛之交，你困難時別人幫你的可能性就很小。如果你平時多儲蓄些「人情」，甚至不惜血本地進行感情投資，那麼當你急著要求人辦事時就不至於犯難了。

春秋時，楚莊王勵精圖治，國富民強，手下戰將眾多，個個都肯為他賣命。楚莊王也極力籠絡這批戰將，經常宴請他們。

一天，楚莊王大宴眾將。君臣們喝得極其痛快，不覺天色漸晚。楚莊王命人點上蠟燭，繼續喝酒，又讓自己的寵姬出來向眾將勸酒。

突然間，一陣狂風吹過，廳堂裡的燈燭全部被吹滅了，四周一片漆黑。猛然間，楚莊王聽得勸酒的愛姬尖叫一聲。

楚莊王忙問：「何事？」

寵姬在黑暗中摸索過來，附在楚莊王耳邊哭訴：「燈一滅，有位將軍無禮，偷偷摟抱臣妾。已被我偷偷拔取了他的盔纓，請大王查找無盔纓之人，重重治罪，為臣妾出氣。」

楚莊王聞聽，心中勃然大怒，自己對眾將這樣寵愛，竟有不遜之人，膽敢戲弄我的愛姬，真乃無禮至極！定要查出此人，殺一儆百！

他剛要下令點燈查找，但又一轉念：這幫戰將都是曾為我流過血、賣過命的人，我若為了這點小事殺一位戰將，其他戰將定會寒心，以後誰還會真心誠意地為我賣命呢？失去這批戰將，我將憑什麼稱霸中原呢？俗話說，小不忍則亂大謀，還是隱忍一下，放過這等小事，收買人心要緊。主意已定，他低聲勸寵姬道：「卿且去後堂休息，我定查出此人為你出氣。」

等那寵姬離開廳堂，楚莊王便下令說：「今日玩得甚是痛快，大家都把盔纓拔下來，喝個痛快。」

大家在黑暗中都不知就裡，不明白大王為何讓大家拔下盔纓，但既然大王有令，就只好照辦了。

這時，那位肇事的將軍在酒醉之中闖下大禍，聽到莊王寵姬尖叫，嚇得酒也醒了，心想這次必死無疑了。等大王命令大家拔盔纓時，他伸手一摸，盔纓早已沒有了，才明白大王的用心良苦。

等大家都拔去盔纓，楚莊王才下令點上燈燭，繼續暢飲。那位肇事的將軍也因此對楚莊王有了一份特殊的感恩，下定了以死效忠的決心。

自此以後，每逢戰鬥，都有一位楚將衝鋒陷陣，拼命地出擊作戰。楚莊王細細查問，才知道他就是那位被寵姬拔掉盔纓的將軍。

厚黑有理

厚黑學認為，人是有感情的動物，人人都有愛的需要，都會有仁慈心、同情心。因此，透過滿足別人人性的需要、感情的饑渴而進行投資，達到辦事的目的。

04 給人好處，要不著痕跡

說話辦事時，給人送禮，很容易引起反感。尤其是對方還是一個自稱「正人君子」的人。這時，高明的求人者，會把送人情這件事做得水到渠成，不留痕跡，卻讓對方真真切切地感受到他的「好意」。

奪取西川是劉備的既定方針和基本戰略目標，但是「蜀道之難，難於上青天」。欲取西川，必須先獲取西川地理圖本，以便詳細瞭解西川的複雜地形。

正當劉備準備進兵西川時，益州別駕張松來了。

張松是奉劉璋之命攜帶金珠錦綺為進獻之物前往許都的，任務是聯結曹操，共治張魯。行前，張松還有一個打算，隨身暗藏畫好的西川地理圖本，到許都視機而行，「獻西川州郡與曹操」。

張松的行跡，諸葛亮早使人隨時打聽著。沒想到他到許昌之後，曹操表現出一副驕橫傲慢的樣子，對他的遊說反應十分冷淡，一氣之下，他挾圖離開了許昌。可是他離開益州時在劉璋面前誇過海口，這次倘若無功而返，空手而歸，又怕被人取笑。他突然一想，早就聽說荊州的劉備仁高義厚，美名遠播，我何不繞道走一趟荊州，看看劉備究竟是何等人物，然後再作定奪，於是改道來到荊州。

張松人是主動來了，但他也並非等閒之輩，要想讓他心甘情願獻出這張圖絕非易事。劉備和諸葛亮為了得到這張地圖，可謂是煞費苦心，其運用引而不發、欲揚故抑的策略也確實達到了出神入化的地步。《三國演義》第六十回生動而形象地描寫了這場「戲」。

張松乘馬引僕從望荊州界上而來。行至郢州界口，忽見一隊軍馬，約有五百餘騎，為首一員大將，輕裝軟扮，勒馬前問曰：「來者莫非張別駕乎？」

松曰：「然也。」

那將慌忙下馬，曰：「趙雲等候多時。」

松下馬答禮曰：「莫非常山趙子龍乎？」雲曰：「然也。某奉主公劉玄德之命，為大夫遠涉路途，鞍馬驅馳，特命趙雲聊奉酒食。」言罷，軍士跪奉酒食，雲敬進之。

松自思曰：「人言劉玄德寬仁愛客，今果如此。」遂與趙雲飲了數杯，上馬同行。來到荊州界首，是日天晚，前到館驛，見驛門外百餘人侍立，擊鼓相接。一將於馬前施禮曰：「奉兄長將令，為大夫遠涉風塵，令關某灑掃驛庭，以待歇宿。」松下馬，與雲長、趙雲同入館舍，講禮敘坐。須臾，排上酒筵，二人殷勤相勸。飲至更闌，方始罷席，宿了一宵。

次日早膳畢，上馬行不到三五里，只見一簇人馬到。乃是玄德引著臥龍、鳳雛，親自來接。遙見張松，早先下馬等候，松亦慌忙下馬相見。

玄德曰：「久聞大夫高名，如雷貫耳。恨雲山迢遠，不得聽教。倘蒙不棄，到荒州暫歇片時，以敘渴仰之思，實為萬幸！」松遂上馬並轡入城。

至府堂上個個敘禮，分賓主依次而坐，設宴款待。飲酒間，玄德只說閒話，並不提起西川之事。

松以言挑之曰：「今皇叔守荊州，還有幾郡？」

孔明答曰：「荊州乃暫借東吳的，每每使人取討。今我主因是東吳女婿，故權且在此安身。」

松曰：「東吳據六郡八十一州，民強國富，猶且不足耶？」

龐統曰：「吾主漢朝皇叔，反不能佔據州郡；其他皆漢之蟊賊，卻都恃強侵佔地土；唯智者不平焉。」

玄德曰：「二公休言。吾有何德，敢多望乎？」

松曰：「不然。明公乃漢室宗親，仁義充塞乎四海。休道佔據州郡，便代正統而居帝位，亦非分外。」

玄德拱手謝曰：「公言太過，備何敢當！」

自此一連留張松飲宴三日，從不提起川中之事。張松告辭準備返回益州，劉備又在十里長亭設宴送行。劉備舉酒壺親自為張松斟酒，嘴裡說道：「承蒙張大夫不見外，故能留住三天，今日一別，不知何時方得賜教。」說完不覺潸然落淚。

張松暗地尋思：「劉備如此寬仁愛士，實在難得，我也有些不忍舍他而去，不如勸他取兵攻打西川。」於是說道：「我也朝思暮想在你鞍前馬後侍候，只是未得其便。據我看來，你現在雖據有荊州，但南面孫權虎視眈眈，北面的曹操又常有鯨吞之意，恐怕不是久居之地呀？」

劉備說：「我也知道嚴峻的形勢，但苦於再無別的安身之所啊！」

張松又說：「益州地域，地理險塞，沃野千里，乃天府之國。凡有才幹的智士仁人，很早就仰慕皇叔你的功德，倘若你願意率荊州之眾，直指西川，則肯定霸業可成，漢室可興。」

劉備一聽此言，故作震驚，慌忙答道：「我哪敢有如此妄想。據守益州的劉璋也是帝室宗親，又長久恩澤西川黎民，別人豈能輕易動搖他的統治？」

此時的張松已完全落入劉備和諸葛亮的圈套，而且步步走向圈套的核心還不覺察，一聽劉備這番話，更敬佩他的寬仁厚道，於是把心裡話掏出來了：「我勸劉皇叔進取西川，並不是賣主求榮，而是今天遇到了明主，不得不一吐肺腑。劉璋雖據有西川之地，但他本性懦弱，且是非難分，又不能任賢用能。況且北面的張魯時有進犯之意。現在西川人心渙散，有志之人都希望擇主而事。我這次本來受命去結交曹操，沒想到他傲賢慢士，冷淡於我，一氣之下我棄他而來見你。你若是先取西川為基礎，然後向北發展圖得漢中，最後收取中原，匡扶漢室，將有名垂青史的大功。你要是願意進取西川，張松我願意效犬馬之勞，以做內應，不知你的意見如何？」

此時的劉備，見時機成熟，開始收緊套環，進入正題，但仍不露聲色，只是無可奈何地說道：「我對你的厚愛，表示深深的感謝，無奈劉璋與我同宗，同宗相拼，恐怕落得天下人笑話呀！」

此時的張松已是不能自己了，生怕這筆「交易」做不成，錯過機會，反過來還去做劉備的動員工作，只見他急切地說道：「大丈夫處世，理當建功立業，哪能如此瞻前顧後、婆婆媽媽的。今天你若不取西川，他日為別人所取，那就悔之恨晚了！」

直到這時，劉備的談話才涉及與地圖有關的事。他說道：「我聽說西川之地，道路崎嶇，千山萬水，雙輪車無法通過，連兩馬並行的路都沒有，就算想進軍，也苦無良策啊！」

張松終於和盤托出了。他忙從袖中取出一張圖，遞給劉備說：「我深感皇叔盛德，才獻出此圖給你，一看此圖，便對西川的地形地貌一目了然了。」

劉備略為展開一看，只見上面盡寫著地理行程，遠近闊狹，山川險要，府庫錢糧一一俱載明白。劉備看到地圖到手，自然高興不已。

可是張松還嫌不夠，進而說道：「我在西川還有兩個摯友，名叫法正、孟達，皇叔你欲進西川，他二人也肯定願意相助。下次他二人若到荊州，你完全可以心腹事相商。」直到這時，劉備和諸葛亮共同導演的而由劉備主演的這場「索圖戲」方可以謝幕。如果劉備見張松之後開口便提如何取西川，或酒過三巡便索要西川地圖，那麼，劉備的形象必然會在張松心目中黯然失色，陡然渺小起來，張松在荊州就會倍加警惕，左右權衡。即使劉備硬逼強搶，得到的也只是一張「死地圖」，而張松、法正等一批西川人才就難為劉備所用，甚至陡增對抗。

明明是在求人，而給人的感覺卻是在施恩；本來了無大功，只順水推舟，卻兩邊討好，大得人情，這就是劉備的高明之處。

儘管厚黑之士認為人與人之間的關係歸根結底是一種交換和利用關係，但求人畢竟有別於市場的交換行為，不能太直來直去。

周靈王二十六年，吳國攻打楚國。楚國令尹屈建利用誘敵之計，大敗吳國。周靈王二十七年，楚國國王楚康公為報吳國伐楚之仇，準備討伐吳國，派他的弟弟公子圍率兵出戰。

吳國得知消息後，以守為攻，屯重兵於江口堅守。楚國見吳國有所準備，不易取勝，就轉而攻打一直歸附於晉國的鄭國。

雙方交戰，鄭國自然不是對手。楚國大夫穿封戍活捉了鄭國大將皇頡，大勝而歸。

楚康公的弟弟公子圍，也想在主公面前領功請賞，便想從穿封戍手中奪走皇頡，將此功據為己有，穿封戍當然不從。公子圍仗著是楚康公的弟弟，便來了個惡人先告狀。他對楚康公說：「我捉住了鄭國大將皇頡，不料卻被穿封戍奪去。」

過了一會兒，穿封戍押著皇頡前來領賞，並向楚康公陳述公子圍要從他手中搶奪皇頡、冒功領賞之事。

兩人各說各有理，楚康公一時不知誰真誰假，便命太宰伯州犁來決斷。

伯州犁早就有心奉迎公子圍，只是平時沒有機會。現在楚康公要他決斷公子圍與穿封戍的爭論，真是天賜一個向公子圍獻媚的好機會。他對楚康公說：「俘虜是鄭國的大夫，並非普通將士，只要問問他便真相大白。」

楚康公認為這是一個好主意，於是命皇頡站在庭下，伯州犁站在他的右邊，公子圍、穿封戍站在他的左邊。

伯州犁先把雙手向公子圍高高拱起，向皇頡介紹說：「這位是公子圍，是我們國君的弟弟。」然後，又對著穿封戍，雙手在下邊拱了拱，向皇頡說：「這位是穿封戍，是方城外邊的縣尹。到底是他倆誰將你抓到的？你要從實說來。」

皇頡雖然當了俘虜，但畢竟是鄭國大將，對伯州犁的眼神、動作所表現出的一切，早已領悟，為了活命，也為了討好公子圍，便佯裝看了看四周，回答說：「我遇公子圍，戰他不過而被俘。」

穿封戌聽了大為憤怒，順手從兵器架上抓起一戈，發瘋般地朝公子圍刺去，嚇得公子圍急忙跑開。

伯州犁見狀，忙走上前去，一面竭力勸解，一面請求楚康公對兩人都記功獎賞，又親自設酒宴，勸二人和好。結果是皆大歡喜。

伯州犁這個人情送得可謂不露聲色，手段高明至極，堪稱典範。他的高明之處就在於，稍有心計的人便可看出在行巴結之事，但無論多有口才的人也難責備其決斷不公平。即使強有責備，也只能說皇頡冤冤相報，幹伯州犁何事。

厚黑有理

假人之手，行我之事，真是絕了！現實生活也是這樣，話不在詞語，看你怎樣說；事不在種類，看你怎麼做；一個動作，一個語調，甚或一個眼神，寓意可能就完全不同了。要真正理解其中奧妙，是從書本上學不到的，只有自己慢慢去體會，去揣摩。

05 給人一個幫你的理由

「自我推銷」是一種藝術。戰國時代，古人就以他們的智慧和經驗，創造出了「自我推銷術」。這種推銷術方法很多，形式也各不一樣。說客們穿梭於各國的權貴之間，抓住一切機會表現自己，推銷自己。

張儀是「連横」策略的創始人之一，他從魏國一名不起眼的說客，一躍而成為秦魏的宰相，以滔滔辯才登上萬眾矚目的政治舞臺，執戰國政局之牛耳，可謂真正大丈夫。連司馬遷也不得不承認，他是一位「傾危之士」（十分危險的人），同時他還是一位「厚黑之士」。像張儀這種完全靠自己的遊說來謀得顯赫地位和財富的人，在戰國時並不少見。

西元前六八〇年，齊桓公奉周朝天子的命令統率陳、曹、齊三國兵馬討伐宋國。桓公命管仲為前部先行。管仲一行人到行山腳下，這時他們遇見一個身穿短衣短褲，頭戴破草帽，赤著雙腳的放牛人。此人拍牛角而高歌。

管仲觀看此人雖衣衫襤褸但相貌不凡，於是派人以酒肉慰勞。並把放牛人喚到跟前與之交談，交談中得知此人名叫寧戚，衛國人。

管仲問其所學，放牛人對答流利，表現出非凡的學問和膽識。管仲歎了口氣說道：「豪傑埋沒於此，如不引薦，何時才能顯露才華？」遂修書一封，讓寧戚轉呈桓公。

三天過後，桓公的車仗到了那個地方，寧戚又拍著牛角唱道：「南山燦，白石爛，中有鮮魚長尺半。生不逢堯與舜禪，短褐單衣至骨幹。從昏飯牛至夜半，長夜漫漫何時旦。」

桓公當時聽了就非常驚訝，他下車問他道：「你這區區一個放牛之人，怎麼敢如此大膽竟然譭謗朝政？」

寧戚說：「小人怎敢譭謗朝政。我聽說堯舜之時，正百官而諸侯服，去四凶而天下安，不言而信，不怒而威。而今北杏開會，宋國君臣半夜逃跑；柯地會盟，曹沫又來行刺。現在您假天王之命，以令諸侯，欺侮弱小的國家，如此以往，何時天下才得太平。」

桓公聽了勃然大怒，大聲喝道：「匹夫出言不遜！」喝令斬首。

寧戚面不改色，仰天歎曰：「梁王殺了關龍逄，紂王殺了比干，今天您殺了我，我就是與關龍逄、比干齊名的第三條好漢了。」

齊桓公看到寧戚膽識過人，怒氣頓時就消了一大半，命人與之鬆綁。這時寧戚才將管仲留下的書信交給桓公。

桓公大喜說道：「既有仲父的書信，為什麼不早呈寡人？」

寧戚回答說：「我聽說賢德的君主擇人而用，賢良的臣子也擇主而仕，您如果不喜歡直言敢諫而喜歡逢迎，那麼我寧死也不會交出管相國的書信。」桓公當晚在蠟燭光下，拜寧戚為大夫，讓他和管仲一起同參國政。後來寧戚為桓公遊說宋國，宋國不戰而降，加入盟約。

「標新立異」往往能獲得一種注意，同時也會得到一種認可。寧戚一開始並不展示管仲的書信，而是陳述自己的觀點，這首先就被認可了，最後再呈現出書信就會更加使人欽佩。

在歷史事件中我們可以得到啟示，要求人者可能有很多，競爭也可能異常激烈，因此，要想使所求之人接納自己。並重用自己，或為自己辦事，必須使出全部招數，使盡全力去遊說。在辯論的時候，必須有創意有新的見解，最好是能給人留下一種獨特的印象。

要讓所求之人，因感動而接納，這便需要相當奇妙的機智。如果言辭不夠動聽技巧笨拙，不但自己推銷不出去，話語不被接受，反而會給自己帶來不必要的禍害。正因如此，古時的說客們不得不殫精竭慮，想盡一切推銷自己的方法，去打動君主。這些對於今天想要求人者會有巨大的借鑑作用。

在漢武帝劉徹即位後，熱衷於召集天下的賢能之士。告示貼出沒幾天，便有近千人上書推薦自己。這些自薦者使用的平庸方式並沒有引起武帝注意，但當他看到東方朔的自薦書時，他感到相當震撼。

當時並沒有紙張，推薦書是寫在竹簡上的，而令人震驚的是，東方朔的上書長達三千多片竹簡。漢武帝閱讀著東方朔的上書，遇到中間停頓休息時，便在其間按印作標記，然後再讀下去，這樣花了兩個月的時間，才將竹簡讀完。

三千張竹簡，最多不過十天就可以看完，為何武帝要花兩個月的時間呢？這是因為東方朔的上書內容太精采了，武帝覺得，一次讀完未免可惜，寧願分段逐次看完方過癮。

《漢書》裡有東方朔上書中的一段：

「臣朔少失父母，為兄嫂所養。臣十三而學文史之用；十五學劍；十六學詩書；十九請孫武兵法……所讀共二十二萬言；臣勇若孟吧賁，捷似慶忌，廉如鮑叔，信如尾生，如是，則足以為天子之臣矣！」

我們從這裡可以看出東方朔臉皮是夠厚的，也是由於他敢於如此吹噓自己，才會引起武帝的注意，讓武帝對他刮目相看，這就是厚黑學中的給自己臉上貼金。

後來武帝下令召東方朔進宮，他的自薦戰術無疑獲得了最後成功。東方朔從近千人中脫穎而出，固然因為他文采出眾，但更重要的是他思維敏捷，懂得使用技高一籌的自我介紹法，所以獲得了成功。

自我介紹是求人的起點，然而如何透過自我介紹來表現出自己的價值和分量，如何溝通與對方的感情，使對方承認並接受，是一門並不簡單的學問。

齊國有個叫馮諼的人，非常貧困，連自己都不能養活，然而他卻是一個足智多謀的人。他託人把自己推薦給門下有食客三千的孟嘗君，情願寄居孟門之下討一口飯吃。

孟嘗君問：「客人有什麼愛好？」

馮諼不是那種善於表白自己的人，他為了考察孟嘗君，就對孟嘗君說：「我沒什麼愛好。」

「客人能做些什麼呢？」

「我也沒什麼大的才能。」

「好吧。」於是孟嘗君笑了笑，同意接收他，左右的人以為孟嘗君很輕視馮諼，就把粗劣的飯菜送給他吃。

過了幾天，馮諼靠在柱子上，敲著自己的寶劍，唱道：「長長的寶劍啊，咱們回去吧！吃飯沒魚。」

孟嘗君知道了這件事情後，對手下的人說：「讓他吃魚，和中等門客同等對待。」

又過了幾天，馮諼敲著他的劍唱道：「長長的寶劍啊。咱們回去吧！出門車都沒有。」左右的人都恥笑他，也把這事告訴孟嘗君。

孟嘗君說：「給他備車，和門下有車的客人一樣對待。」

於是馮諼乘著他的車，高舉著寶劍去拜訪他的朋友說：「孟嘗君能把我當客人對待。」但又過了幾天，馮諼再次敲著寶劍唱道：「長長的寶劍，咱們回去吧！沒有東西養家啊。」

孟嘗君透過別人問道：「馮先生有親人嗎？」答曰：「有位老母親。」於是孟嘗君派人供給他母親衣食費用，不讓她缺少什麼。

從此之後，馮諼對孟嘗君十分感激，而孟嘗君對馮諼也產生了一種獨特的看法，後來孟嘗君讓他去收債，而他卻讓薛地的老百姓把債券都燒掉了，並說那是孟嘗君的仁義，也是因為如此，當孟嘗君回到薛地的時候受到了老百姓們熱烈的歡迎。

從此，孟嘗君把馮諼作為心腹看待。馮諼後又為孟嘗君營造三窟，令孟嘗君高枕無憂。

厚黑有理

在「厚黑之士」看來，要想求人成功，從眾多求人者中脫穎而出，就要讓別人注意自己，要用自己的言行影響別人，要懂得危言才能聳昕、獨特才能脫穎而出的道理。

06 難言之事巧開口

難言之時如何開口，以下幾點對我們可能有所幫助。

一、借他人之口替自己說話

在西安事變前夕，張學良和楊虎城頻繁晤面，都有心對蔣介石發難。可是在對方沒表明態度之前，誰也不敢輕易開口。時間越來越緊，可是雙方都是欲說還休。楊虎城手下有個著名的黨員叫王炳南，和張學良也都是舊識。在又一次晤面中，楊虎城便以他投石問路，說道：「王炳南是個激進分子，他主張扣留蔣介石！」張學良及時說道：「我看這也不失為一個辦法。」於是，兩位將軍開始商談行動計劃。

二、在幽默的玩笑話中道出實事

莊重嚴肅的話題會使人緊張慎重，而輕鬆幽默的話題，往往能引起感情上的愉悅。在條件允許的情況下，最好能把莊重嚴肅的話題用輕鬆幽默的形式說出來，這樣對方可能更容易接受。

一個剛畢業的大學生在一家外商企業工作，在較短的時間內，連續兩次提出合理化建議，使生產成本分別下降百分之十到二十，主管非常高興，對他說：「好好幹，我不會虧待你的。」

這名大學生當然知道這句話可能意義重大，也可能不值一文。他想要點實在的，便輕鬆一笑，說：「我想你會把這句話放到我的薪水袋裡。」主管會心一笑，爽快應道：「會的，一定會的。」不久他就獲得了一個大紅包和加薪獎勵。面對主管的鼓勵，大學生如果不是這樣俏皮，而是坐下來認真嚴肅地提出加薪要求，並擺出理由若干條，結果可能會適得其反。

三、轉個彎子，套出對方的話

有時，一些話自己說出來顯得很難為情，這時，誘導對方先開口無疑是好辦法。李某準備借助於好友劉某的路子做筆大生意，在他將一筆鉅款交給劉某的第二天，劉某暴病身亡。李某立刻陷入了兩難境地：若開口追款，太刺激劉某的親人；若不提此事，自己的局面又難以支撐。

幫忙料理完後事，李某對劉的妻子說：「真沒想到劉哥就這麼突然地走了，我們的合作才開始啊。這樣吧，嫂子，劉哥的那些關係戶你也認識，你就出面把這筆生意繼續做下去吧！需要我跑腿的時候儘管說，吃苦花力氣的事情我不怕。」

看他絲毫沒有追款的意思，還豪氣沖天，義氣感人，劉的妻子很是感動。其實他明知劉妻沒有能力也沒有心思幹下去，話中又加上巧妙的提醒：我只能跑腿花力氣，卻不熟悉這些門路；困難不小而且時不我待。

結果呢？劉妻反過來安慰他道：「這次出事讓你生意上受損失了，我也沒法幹下去了，你還是把錢拿回去再找機會吧。」

四、用商量的口氣

用商量的口氣把要求辦的事說出來不失為一種高明的辦法。如：「能快點幫我把這事給辦一下嗎？」

在向別人提出建議時，如果從對方話語中看出人家可能不具備有關條件或意願，那就不要強人所難，這樣也顯得很有分寸。

五、採用婉求、誘導法

美國《紐約日報》總編輯雷特想找一位精明幹練的助理，他把目光瞄準了年輕的約翰．海。當時約翰剛從西班牙首都馬德里卸任外交官職，正準備回到家鄉伊利諾州從事律師事務。雷特請他到聯盟俱樂部吃飯。飯後，他提議請約翰．海到報社去玩玩。在這期間，雷特從許多電訊中，找到了一條重要消息。那時恰巧國外新聞的編輯不在，於是他對約翰說：「請坐下來，幫我為明天的報紙寫一段關於這消息的社論吧。」約翰自然無法拒絕，於是提起筆來就寫。社論寫得很棒，於是雷特請他再幫忙頂缺一星期、一個月，漸漸地乾脆讓他擔任這一職務。約翰就這樣在不知不覺中放棄了回家鄉做律師的計劃，而留在紐約做新聞記者了。由此人們總結出一條求人辦事兒的規律：央求不如婉求，勸導不如誘導。

六、變相「要脅」

一位老師是個非常熱心的教育家。有一天，她到附近的圖書館去，想借一些有關教育的書籍。她詢問圖書館內的管理員：「一個禮拜能否借二十五冊書？」圖書館的管理員告訴她：「一個人一次只能借走兩冊，這是無法通融的。因為要借書的人太多了。」這個老師聽了這些話後，很激動地說：「我知道，那麼，以後我每週都帶學生來，讓他們每人都借一本。」原來很頑固的圖書館管理員，聽了她的話後，突然改變了態度，取消了原來的規定。

在這件事中，最令人痛快的莫過於，當這位老師提出要讓每一個同學來借書時，圖書館管理員就打破了要遵守規定的規則。圖書館管理員雖然知道應該遵守規定，但他又厭惡繁雜的工作，對工作不熱心，所以才做出上面的決定。

厚黑有理

當我們遇到麻煩事想求助他人時，會不知怎麼開口，畢竟有些不好意思。而事實上，只要掌握了一定的厚黑口才技巧，就不會覺得開口是件難事了。

6

厚黑批評拒絕法

01 委婉含蓄，巧妙迂迴

李宗吾認為，在說話過程中，不懂得委婉含蓄，有時本意雖然是好的，但是由於說得太突然太直接了，而難以達到目的，誤人誤己。如果你知道有個人確實犯了錯誤，而你直率地告訴他，指責他，你知道會發生什麼樣的後果？

有一次，我請了一個室內裝潢師，替我配置一套窗簾。等到他把帳單送來，我嚇了一跳。

幾天後，有位朋友來我家，看到那套窗簾，提到價錢，幸災樂禍地說：「什麼？那太不像話了，恐怕你自己不小心，受了人家的騙吧！」

真有這回事？是的，她說的都是真話，可是人們就是不願意聽到這類的實話，包括我。所以，我竭力替自己辯護。我這樣說：「價錢昂貴的東西，總是好的。」

第二天，另外有一個朋友到我家，她對那套窗簾誠懇地加以讚賞。並且她還表示，希望自己也有一套那樣的窗簾。我聽到這話後，跟昨天的反應完全不一樣。我說：「說實在的，我配製這套窗簾，價錢太貴了，我現在有點後悔。」

當我們有錯誤的時候，或許我們會對自己承認……如果對方能給我們承認的機會，我們會非常地感激，不用對方說，極自然地我們就承認了。如果有人硬把不合胃口的事實往我們的喉嚨塞下去，我們是無法接受的；如果使用「迂迴委婉，步步深入」之法就不同了，委婉一點兒，含蓄一點兒，使對方自己悟到那層意思，給雙方考慮空間，反而容易讓人接受。

楚莊王酷愛養馬，他把那些最心愛的馬都披上華麗的綢緞，養在金碧輝煌的廳堂裡，睡清涼的席床，吃美味的棗肉。

有一匹馬因為長得太肥而死了。楚王命令全體大臣致哀，準備用棺槨裝殮，一切排場按大夫的葬禮隆重舉行。左右大臣紛紛勸諫他不要這樣搞，楚王非但不聽，還下了一道通令：「敢為葬馬向我勸諫的，一律殺頭。」

優孟聽說了，闖進王宮就號啕大哭。楚莊王吃驚地問他為什麼哭，優孟回答：「那匹死了的馬啊，是大王最心愛的。像楚國這樣一個堂堂大國，卻只用一個大夫的葬禮來辦馬的喪事，未免太不像話，應使用國王的葬禮才對啊！」

楚王說：「照你看來，應該怎樣呢？」

優孟回答：「我看應該用白玉做棺材，用紅木做外槨，調遣大批士兵來挖個大墳坑，發動全城男女老幼來挑土。出喪那天，要齊國、趙國的使節在前面敲鑼開道，讓韓國、魏國的使節在後面搖幡招魂。建造一座祠堂，長年供奉它的牌位，還要追封它一個萬戶侯的諡號。這樣，就可以讓天下人都知道，原來大王把人看得很輕賤，而把馬看得最貴重。」

楚王這時終於恍然大悟，知道這是優孟在含蓄地批評他，便說：「我的過錯就這樣大嗎？好吧，那你說現在應該怎麼辦呢？」

優孟答道：「事情好辦，依臣之見，用灶頭為槨，銅鍋為棺，放些花椒桂皮，生薑大蒜，把馬肉燉得香噴噴的，讓大家飽餐一頓，把它葬到人的肚子裡。」

如果你要糾正某人的錯誤，就不應該直率地告訴他，而要運用一種非常巧妙的方法，才不會把對方得罪了。對人勸說，要特別注意方式方法，溫和的暗示妙於直說。

有時候，你對家人、對朋友，覺得有許多話不得不談，可是一說，反而傷害了感情。於是你就可以引用一句中國古話替自己解圍，說什麼「良藥苦口，忠言逆耳」。但我們也可以做到讓忠言不「逆耳」，如果將批評溫和地暗示出來，其效果可能會更好。

一位父親的記述讓我們佩服他說服兒子的技巧。昨天晚上，我太太拿電話帳單給我看：「瞧瞧，兒子在我們去歐洲的時候，打了多少長途電話，」她指著其中一項說，「單單這一天，這一通，就打了一小時四十分鐘。」

「什麼?這還得了!」我立刻準備上樓去說他。

可是，才站起來，又坐下了。

我想，自己在氣頭上，還是不說的好。而且兒子這麼大了，我要說，也得有點技巧。

我把話忍到中午吃飯的時候，我對兒子笑著說：「你馬上回學校了，查一查資料，找一家長途費率最低的電話公司。」然後，又來個急轉彎：「咳，其實你上博士班，恐怕也沒有時間打，我是多操心了。」

「是啊，是啊，」兒子不好意思地說，「你是不是看到了我上個月的電話帳單？那陣子因為要有一大堆事急著聯絡，所以確實打多了。」

吃完飯，我很得意，覺得自己把要說的「省錢、少打電話、別誤了功課」這些話，全換個方法說了，卻沒一點不愉快。

假定我們的看法是對的，我們的意見是正確的，那麼，在我們去說服別人的時候，我們可能犯些什麼錯誤呢？首先，我們可能過分心急。人們常說：「關心則亂。」

我們常常會急切地把自己的看法、建議、批評一股腦兒地塞到我們關心的人的耳朵中，卻不管方法是否得當，別人是否能接受。巴不得別人聽了我們的話，立刻點頭說好，大為讚賞，向我們感激地說「聽君一席話，勝讀十年書」，或「你的話，真是一言驚醒夢中人，倘若我早能向你請教，早能聽到你的指點，那就不會惹出這麼多麻煩了」。

是的，這種情形不能說沒有。一個頭腦清楚，眼光敏銳，而又善於表達自己意見的人，對別人常常會有這樣的幫助。但實際上，這種情形是不太多的，在大多數場合，別人不會被我們一「說」就「服」的。

我們應明白，別人的看法、想法、做法，不是一天形成的，正所謂「冰凍三尺，非一日之寒」，因此，沒有那麼快就會改變自己的想法。

厚黑有理

好的建議批評，也要別人真正聽取接納了才會產生效果。社會生活中，我們經常可以看到這樣的現象：老師的話，學生不接受；父母的言論，兒女反對……那麼如何才能讓別人接受我們的言語呢？這就要注意方式，先說一些好話，不要吝於讚美。此外，即使說好話也要適時適地，簡潔透徹明瞭，讓人心生歡喜，接受我們的美言。否則，有好話不能使人誠意領受，豈不可惜！

02 當黑則黑有效說「不」

恐怕許多人都有這樣的經歷，原本打算拒絕對方的，可是，東想想西想想到最後又不由自主地答應了下來，過後又很後悔，這是相當不明智的一種行為。可能在一開始你的出發點是為了給對方面子，但是你不知道，正是因為如此才容易丟面子，最後反而弄得很尷尬很不好意思，彼此都下不了臺。

我們為什麼不敢向對方說「不」呢？

當我們委屈自己讓別人高興時，對方卻不會用同等的好意來回報你，甚至已習慣「利用」你。你牢騷滿腹、抱怨連連，那是你的事，誰叫你不向對方說「不」呢？那麼，是否說「不」，又該如何把握呢？的確，有時候說「不」並不容易。

不敢說「不」是什麼原因造成的呢？首先恐怕是你想做一個受大家歡迎的好人。要知道，任何拒絕都不可能不得罪人，通情達理的人會理解你的「不」。但你無論是什麼樣的回答也很難討不講理的人的喜歡。因此，衡量再三，該出口說「不」時就說；第二就是擔心說「不」會觸怒對方，導致報復。說「不」可能引起不愉快，或觸怒對方。但是，我們也不能因此就來者不拒，該拒絕的時候還是得大膽地拒絕。

事實上，能夠真正克服「不好意思拒絕」的心理障礙，且具備拒絕技巧的人並不多。接受比拒絕容易。但是，圖此「容易」可能要付出力不從心、支付不起等沉重的代價。因此，在表態前，先衡量接受與不接受的後果。要看看，不說「不」，將要付出什麼代價，要承擔什麼後果？經過此番「成本加效益」的分析，再決定取捨。如果說「不」的成本要低於答應的成本，那何不果斷地說出口中的「不」呢？

說「不」的時候你可以按照以下的思路：

一、耐心地傾聽

就算對方說到一半時，你已經明白此事非說「不」不可，但為了確切瞭解他的用意和對請求者表示尊重，應該耐心地聽完他的話。

二、當你說「不」的時候，表情要和顏悅色

最好能多謝對方想到你，並略表歉意。當然，過分的抱歉會令對方誤認為你真的感到有欠於他，而繼續設法讓你做，所以抱歉稍微露出來就可以了，畢竟是拒絕人家，說過多的抱歉話反而不好。同時還要在說「不」的時候要顯露出堅定的態度，要打消請求者還抱有說服你的希望。

三、你可以說出拒絕的理由

說出理由後，你只需要重複拒絕，而不應與之爭辯什麼。但不是所有的拒絕都需要理由的，如對頻頻請求的人和氣地說「對不起」的話，就會產生不良的後果。你自己心裡要明白，你是對他的請求說「不」，而不是對他這個人。

四、不要讓第三者替你去拒絕

這樣做會讓對方認為你不夠誠摯，或顯示出你的懦弱。如果有可能與必要的話，拒絕之後，可以為對方提供其他途徑的幫助，假如這個人和你的關係還不錯的話。

厚黑有理

當一個人能夠克服「不好意思拒絕」的心理，且具備「拒絕他人」的技巧時，由此而節省的時間將十分可觀，也會省掉許許多多的麻煩。

03 厚黑說話婉轉拒絕

學會拒絕是非常有必要的，因為我們生在這個世界上，侷限於能力或者其他的因素，當別人有求於我們的時候，我們可能做不到或者不願意去做，這個時候，拒絕就來了。

拒絕有許多種方法，對於不同的人不同的事情，拒絕的方法也就不盡相同，但從拒絕方式來說，有兩種，一種是強硬地拒絕，這是針對那些讓你非常討厭，或者說一個非常沒有自尊自重的人向你提出你不願意的要求的時候，你可以採取的拒絕態度，但是在我們的生活當中更多的卻是委婉地拒絕。

生活中拒絕別人和被別人拒絕如家常便飯。人生就是不斷地說服他人，以尋求合作的過程；反過來也可以說，人生也是不斷地遭到拒絕和拒絕他人的過程。在人際交往的過程中，要直截了當說出拒絕的話，似乎比較難於出口，特別是對於那些你尊重的朋友和親戚，然而，有時候又不得不拒絕對方，既然我們已經知道，拒絕別人在生活中難以避免，那麼我們就很有必要掌握厚黑拒絕的技巧，用厚黑的拒絕法來為你的拒絕塗上一層溫柔的顏色，這是厚黑委婉拒絕法。

厚黑委婉拒絕法要做到以下幾點：

一、拒絕對方要開誠佈公，明確說出拒絕對方的原因。拒絕對方時，不要採取模棱兩可的說法，令對方摸不清你的真實意思，從而產生許多不必要的誤會，導致彼此關係破裂。

二、當你要拒絕別人的時候態度要和藹。盡可能不要在別人剛開口的時候就給予斷然的拒絕。你聽完他的敘說後，不要對他人的請求迅速反駁，或者流露出不愉快的神色，這時候你應該平靜地對待，不管他的請求有多麼地令你感到震驚，你都應該不露聲色，做出一番思考的樣子。你應該以和藹可親的態度誠懇應對別人的請求，要知道，有一天我們也有求人的時候。

三、千萬不要在拒絕的時候傷害到對方的自尊。這主要是針對那些你尊重的人。當對你有恩的人來拜訪你請求你做事時，確實非常難以拒絕。但是，只要你能尊重對方，真誠地講出自己的難處，相信對方也是會理解的，這裡的關鍵問題是你必須真誠地把做不到的地方明確地說出來，讓對方瞭解明白。

四、拒絕對方，要給對方留一條後路，也就是給對方留面子，要能給對方一個臺階下。你必須自始至終很有耐心地把對方的話聽完，當你完全聽完對方的話後，心裡應該有了主意，這時再來說服對方，就不會使對方難堪了。

有的拒絕，不能把話完全說死，特別是在商界，要讓對方明白，此次遭拒絕，尚有下次機會。你可以說：「下次有能幫得上忙的地方你儘管說。」

通常來說，拒絕人者占上風，遭人拒絕者占下風。遭人拒絕時，凡事要看開一點，你要知道，既然對方不願意幫助你或者沒有能力幫你，你就應該知道多說無益，不如乾淨俐落地來個撤退。

我們在遭人拒絕時，心情是不可能愉快的，但還是要顧全大局，儘量裝出微笑，留給對方一個美好的印象。有時候，拒絕並非意味著永遠不再有聯繫，我們仍需要努力做好善後工作，維持好人際關係。如果你不氣餒，不抱怨，重視善後工作，下一次交涉的成功機率會更大。

厚黑有理

厚黑法強調，被拒絕者或者說拒絕者都不要因為一次拒絕與被拒絕就失去了一個朋友，彼此都要站在對方角度去思考，不要說別人是沒辦法幫到你，即使是有辦法他（她）不願意的話，你也必須知道，人家有人家的難處。

04

厚黑拒絕，不顯「無情」

當別人向你提出要求和幫助時，你也許是有口難言，也許是愛莫能助，或者因為對方的要求不合理，或者因為對方所求的事情不可行，從原則上、邏輯上講都是應該直截了當加以拒絕的，但在社交過程中，這個「不」字又不是那麼容易說出口的。

因為拒絕不當就容易令對方不快甚至惱恨，許多人就是因為拒絕不當而失去了朋友、得罪了主管、惹怒了合作夥伴的。所以，掌握一點說「不」的藝術是很有必要的。拒絕他人時的原則是，不能損傷對方的自尊心，不能使對方難堪。

李宗吾認為，運用「委婉含蓄」的手法拒絕別人，最大的好處就是可以緩和對方對「不」的抗拒感。

有的人認為，對於拒絕應該在態度上表現得曖昧不明，以免傷了對方的心，其實這是錯誤的。你越是態度曖昧，越會給對方造成一種期待，這時，雖然想表示拒絕，卻又講不出口。聽別人幾句甜言蜜語，就輕易地承諾下來的舉動，也是自己態度不明確所造成的。

向對方明確傳達你拒絕的資訊時要考慮到，人都是有自尊心的，一個人開口相求時，往往都帶著揣測不安的心理，如果一開始就說「不行」，勢必會傷害對方的自尊心，使對方不安的心理加劇，失去平衡，引起強烈的反感。因此，不要一開口就說「不行」，應該尊重對方的願望，先說關心、同情的話，然後再講清實際情況，說明無法接受要求的理由。如果先說了一些讓人聽了產生共鳴的話，對方一般會相信你所陳述的情況是真實的，相信你的拒絕是出於無奈，因而是可以理解的。同時，為了不傷對方的自尊，還要注意準確恰當地措辭。

清代的鄭板橋在當濰縣縣令時，查處了一個叫李卿的惡霸。李卿的父親李君是刑部天官，得訊後急忙趕回濰縣為兒子求情。李君以訪友的名義拜訪鄭板橋，鄭知李的來意，故意不動聲色地看李君如何扯到正題。

李君看到鄭板橋房中有文房四寶，於是向鄭板橋要來筆墨紙硯，提筆在紙上寫道：「燮乃才子。」

鄭板橋一看，人家是在誇自己呢，自己也得表示表示，於是也提筆寫道：「卿本佳人。」

李君一看心裡一亮：「鄭兄，此話當真？」

「君子一言，駟馬難追！」

「我這個『燮』字可是鄭兄大名，這個卿字……」

「當然是貴公子寶號啦！」

李君心裡高興極了：「承蒙鄭兄關照，既然我子是佳人，那就請鄭兄手下留情。」

「李大人，你怎麼『糊塗』了？唐代李延壽不是說過『卿本佳人，奈何做賊』嗎？」

李君臉一紅，只好拱手作別了。

鄭板橋巧妙地利用李卿的「卿」與現成話「卿本佳人，奈何做賊」的「卿」字同音同義的關係，委婉含蓄地拒絕了李天官的求情，既堅持了原則，又不使對方太難堪。

拒絕別人的時候，也可以透過引用名人名言、俗語或諺語等來作答，以表達出自己的意思或觀點。這種方式的好處是顯而易見的，既增加了自己說話的權威性與明確度，又不必在解釋和說明上浪費太多的口舌，還能有效地達到自己所要的效果。從古至今，很多有「心眼」的人都善於用這種方法拒絕他人。

漢光武帝劉秀的姐姐——湖陽公主的丈夫死後，她看中了朝中品貌兼優的宋弘。有一次，劉秀召來宋弘，以言相探：「俗話說，人的地位高了，就要改換自己結交的朋友；人富貴了，也可以改換自己的妻子。這是人之常情嗎？」

宋弘回答說：「我只聽說：『貧賤之知不可忘，糟糠之妻不下堂。』無論人是生活貧困、地位低下還是高貴，都不能把朋友忘記，最初的結髮妻子也不能讓她離開身邊。」

宋弘深知劉秀言外之意，但他進退兩難——應允了，違背自己的人品，也對不起貧賤相扶的妻子；拒絕了，會招來麻煩，畢竟對方是一國之君；直言相告，也不得體，又有冒犯龍顏之患。所以他引用古語來「表態」，委婉而又直截了當地表明自己的態度與立場，不失為一個很好的拒絕辦法。

拒絕要講究策略，要婉轉地拒絕對方，儘量不要傷害對方的自尊心。要讓對方明白，你的拒絕是出於不得已，並且感到很抱歉、很遺憾，儘量使你的拒絕溫柔而緩和。

美國的消費團體，為了避免被迫買下不願意買的東西，發行了《如何與推銷員打交道》的手冊。裡面介紹了如何拒絕來訪推銷員的各種辦法。據說，其中以「是的，但是」法最為有效。

比如，對方說：「你聞聞看，很香吧？」你可以說：「是的，但是……」先承認對方的說法，然後，則以「但是」的托詞敷衍過去。倘若開始就斷然說一句「不」，推銷員一定不會甘心，千方百計要和你磨蹭。可是，「是的，但是」的話，即便對方再精明也無可奈何，只好放棄說服你的企圖，因為說「是」

總比斷然說「不」能給對方以安心感。

在購買東西時，往往要受到賣者的糾纏，許多人不知如何拒絕。一位太太是這樣拒絕賣者的：「不知道這種顏色合不合我先生的意。」

還有一位年輕少婦是這樣拒絕的：「要是送我母親，我選我喜歡的就行了，但這是送給婆婆的呀，送她這個不知她會不會滿意。」

顯然，這些拒絕本身都是非常委婉含蓄的，用這種方法拒絕對方當然要比直接說出對貨物的不滿要好得多。

有時，答非所問式的裝糊塗也是給對方一種委婉拒絕的暗示，比如：「這件事您能不能幫忙？」

「我必須去參加一個重要會議。」對方會從你的話語中感受到真正的意思，他得不到你的幫助，就只有退出了。

委婉說話不僅是一種策略，也是一門做人的藝術。作為一個現代人，在擁有好口才的同時，掌握了委婉說話的「心眼兒」會讓你在人際相處上少樹敵、多交友。

李宗吾認為，凡是對你提出要求的人，都是相信你能解決這個問題，抱有很高的期望值。常言說：「期望越高，失望越大。」因此，在拒絕要求時，不要多講自己的長處，或過分誇耀自己，這樣會在無意中抬高了對方的期望，增大了拒絕的難度。如果適當地講一講自己能力的侷限，就降低了對方的期望，在此基礎上，抓住適當的機會多講別人的長處，就能把對方求助目標自然地轉移過去。

當你想拒絕對方時，可以在溫柔緩和的語氣中，逐漸地發出一些警語，使對方產生「可能被拒絕」的預感，形成對方對於「不」的心理準備。因此，婉轉地拒絕，對方會心服口服；如果生硬地拒絕，對方則會產生不滿，甚至記恨、仇視你。所以，一定要記住，拒絕對方時，要讓對方明白，你的拒絕是出於不得已，並且感到很抱歉、很遺憾，儘量使你的拒絕溫柔而緩和。

人們在求別人幫忙時，總是希望別人能滿足自己的要求，卻往往不考慮給他人帶來的麻煩和風險。如果能實事求是地講清利害關係和可能產生的不良後果，把對方也拉進來，共同承擔風險，即讓對方設身處地地去判斷，這樣會使提出要求的人望而卻步，放棄自己的要求。

厚黑有理

李宗吾認為，拒絕總是令人不快的，即使語氣再「委婉」，目的也無非是減輕對方的心理負擔。因此，作為上級拒絕下級、晚輩的要求時，不能盛氣凌人，要以同情的態度、關切的口吻講述理由，使之心服。

05 厚黑說「不」

很多人不認識「不」字的奇妙，遇事優柔寡斷，畏首畏尾，結果常使自己處於被動地位。說一個「不」字真的這麼困難嗎？其實，說「不」，並非直言其「不」，而是語中藏「不」。

在李宗吾看來，有些人心裡都知道不要什麼、不能怎樣，為什麼不要、為什麼不能，可就是不會說這個簡單的「不」字，只在喉嚨裡打滾，怎麼也跳不出來。

不會說「不」，是人際交往中心理脆弱和不成熟的表現。

在大多數情況下，是因為這些人在拒絕別人方面存在著一些顧慮，比如，他們擔心拒絕了會傷害朋友，會失去友誼，所以總是委屈自己，成全別人。那麼，該如何拒絕朋友而又不影響友誼呢？

最重要的是要調整心態。其實，許多人不好意思拒絕別人，和自身的性格與心態有一定的關係。他們總是認為這次拒絕了朋友，下次自己有事就不好向朋友開口了。

同時，他們過分在意別人對自己的評價，總想給朋友留下最好的印象。事實上，真正的友情不會因為你的合理拒絕而破裂。所以說，要調整好自己的心態，該拒絕時就要拒絕。

如果某人提出的要求不符合原則，就不能答應，不能為保持一團和氣而喪失立場，不論什麼樣的關係，該拒絕的一定要拒絕，但同時要講究說話方式的靈活性，根據人際關係的類型和特點，根據語言交往的內容、場合和時間等的不同，採取靈活的策略，其中，很重要的一點是委婉含蓄，其目的是希望對方知難而退。

有個關於莊子向監河侯借錢的故事，監河侯敷衍他，含糊地說：「好！再過一段時間，等我去收租，收齊了，就借給你三百兩銀子。」

監河侯的敷衍真是很有水平，不直接說不借，也不說馬上就借給他，而是說過一段時間再說。這話有三層意思：一是目前我沒有錢，還不能借給你；二是我並不是富人；三是過一段時間，時間並不明確說明，到時借不借還是另一說。莊子聽後已經很明白了。監河侯用這種方法拒絕莊子，他不會怨恨什麼，因為監河侯並沒有說不借給他，只是過一段時間再說而已，還是有可能會借的。

人處在一個複雜的社會背景中，互相制約的因素很多，為什麼不選擇一個盾牌擋一擋呢?當你不便說出自己真正拒絕的原因時，含糊而敷衍地拒絕他人是一種不錯的選擇。

比如你是一個公司主管的成員之一，若有人託你辦事，你就可以說：「我們公司是集體主管，類似這樣的情況，需要大家討論才能決定。不過，以前像這樣的事都很難通過，最好還是別抱很大的希望。如果你堅持這樣做的話，待大家討論後再說，我個人說了不算數。」

這就是推託之詞，把矛盾引向了另外的地方，即「不是我不給你辦，而是我辦不了」。聽到這樣的話，對方一般都要打退堂鼓：「那好吧，既然是這樣，也不難為你了，我再想別的辦法吧！」

有位廣告公司的負責人介紹經驗說，對那些攜帶自己的畫來應徵的年輕人，如果不滿意他們的畫，就說：「嗯，我不大看得懂你的這幅畫，請畫一些我能看懂的畫再來吧……」

如此婉轉的拒絕，使對方失去了進攻的目標，只好悻悻退下。用這種方法，既不傷害別人的自尊，又能達到拒絕的效果。

再比如有人對你說：「今晚我請客，一定要來呀！」

「真不湊巧，今晚正好有事，下次一定來。」下次是什麼時候，並沒有說一個明確的時間，實際上給對方的是一個含混不清的答案。對方若是聰明人，一定會聽出其中的意思，就不會強人所難了。

日本影星中野良子三十五歲尚未結婚，一次在上海進行藝術活動時，有人問及她什麼時候結婚的問題，這位日本影星回答說：「如果我結婚，就到中國來度蜜月。」

這個回答既巧妙地迴避了中野良子不想正面回答的問題，又友善地表達出中野良子對中國的喜愛。如果中野良子直接用「無可奉告」、「我還不打算結婚」這類話來回答，將會使對方感到尷尬，也沖淡了當時談話的和諧氣氛。

在這個紛繁複雜的社會，每一個人都可能或多或少地遇上一些自己不想做或不願做的事情。而很多時候是內心裡極不情願，但又不便直接拒絕。因為人在社會上生存，要和形形色色的人打交道，即便你再正直，也不要使對方尷尬，無論對方是善意的還是別有用心。

拒絕在某種程度上也是一門藝術。瞭解了拒絕，你就會在處理一些問題上把握好分寸；懂得了拒絕，你就會在一種很幽默的氣氛中使自己和他人都不至於陷入兩難境地；學會了拒絕，你就能在社會這個競技場上遊刃有餘，永遠立於不敗之地。

我們知道，明朝開國皇帝朱元璋是個殺人不眨眼的天子。天下百姓都忌怕他萬分。一次，著名畫家周玄素奉朱元璋之命入宮，在宮殿牆壁上描繪明朝的江山地理圖。周玄素深知朱元璋的為人，不知他葫蘆裡賣啥藥，畫他朱家地圖，弄不好，豈不是腦袋不保。

思慮再三，周玄素伏地請命：「臣不曾遍走天下九州，孤陋寡聞，未敢受此命，奉請皇上先給出個草圖，待臣再依此描繪潤色，不知皇上意下如何？」

周玄素用他的機智巧妙地拒絕了朱元璋。我們可以想像，如果周玄素拒絕不當，那下場是可想而知的。正是因為周玄素深深地瞭解朱元璋，他這樣做，既保住了自己的腦袋、維護了皇帝的自尊和面子，同時又顯示了自己的謙恭和才華。這個事例告訴我們，拒絕不僅是一門藝術，也需要有更高的學問。

拒絕的藝術，對於現代人來說，是很難做的。因為人在社會上奮鬥離不開和人打交道，但正因為如此，你更要謹慎，更要懂得拒絕。因為社會很複雜，你可能不會有心地去傷害別人，但你不能保證別人不會在有意無意之中傷害了你。

所以，當對方邀請你做任何一件事情或送你一樣禮物的時候，你在做出答覆或接受之前，首先要確定你自己對這個人是否瞭解，要考慮人家為什麼邀請你或送你東西。特別是對於手中掌握著一定的權力的人來說，更要多問幾個為什麼。因為天下沒有免費的午餐。也正因為此，我們更要學會拒絕。

學會拒絕，不是要我們去刻意地拒別人於千里之外，而是為了更好地保護自己，更好地使自己活躍在社會這個大舞臺上。因為，不是任何場合任何禮物我們每個人都能去接受的。

我們的工作我們的職責很多時候驅使我們要克制自己，必須拒絕。我們可以想想，那麼多貪官如果他們開始就懂得拒絕，最終就不至於走向深淵。因為他們沒有約束自己，沒有起碼的做人做事的準則，更沒有想過學會拒絕，所以他們的結果是必然的。

厚黑有理

拒絕的學問，說起來容易做起來難。想要學會拒絕，必須對自己有一定的約束，思想上必須有一道防線。一個放縱自己的人，永遠都學不會拒絕。其實，很多時候，巧妙的拒絕，會贏得別人對你的暗自敬佩。上司的拒絕，需要的不僅是勇氣，更需要智慧；拒絕有求於你的人，不僅需要你的謙恭，更需要你的真誠。

有了勇氣，你的智慧才能得以發揮，你的拒絕也會變得妙不可言；有了謙恭，你的真誠才能使人信服，你的拒絕也會變成感動。可見，拒絕也是一門藝術。

7

厚黑說服法

01 正話反說

在人際交往中，我們常常需要透過講道理來說服別人。李宗吾認為，有些話直接說可能會使對方不能接受，為了避免尷尬，不妨正話反說。說出來的話，所表達的意思與字面意思完全相反，就叫正話反說。如字面上肯定，而意義上否定；或字面上否定，而意義上肯定。這也是產生幽默感的有效方法之一。使用這種方法能夠在不直接指明對方錯誤的基礎上，使他們自我反省並認識自己的錯誤。

漢武帝劉徹有位乳母，在宮外犯了罪被官府抓了，並稟告漢武帝。漢武帝十分為難，畢竟是自己的乳母，滴水之恩當湧泉相報，何況自己是被其用乳汁養大的，但是，天子犯法與庶民同罪，如果不處置她，有失自己天子的尊嚴，以後何以信服天下。思來想去，漢武帝決定以大局為重，依法處置自己的乳母。

乳母深知漢武帝的為人，知道自己凶多吉少，便想起了能言善辯的東方朔，請求東方朔幫自己一把。

東方朔也頗感為難，他想了想說：「辦法也有，但必須靠妳自己。」乳母急切地問：「什麼辦法？」

東方朔說：「妳只要在被抓走的時候，不斷地回頭注視武帝，但千萬不要說話，也許還有一線希望。」

乳母雖不解其中玄機，但還是點了點頭。

當傳訊這位乳母時，她有意走到武帝面前向他辭行，用哀怨的眼神注視著武帝，幾次欲言又止。漢武帝看著她，心裡很不是滋味，有心想赦免她，又苦於君無戲言，無法反悔。

東方朔將這一切看在眼中，知道時機成熟了，便走過去，對那位乳母說：「妳也太癡心了，如今皇上早已長大成人，哪裡還會再靠妳的乳汁活命呢？妳不要再看了，趕緊走吧。」

武帝聽出了東方朔的話外之音，又想起了小時候乳母對自己的百般疼愛，終於不忍心看乳母被處以刑罰，所以法外開恩，將她赦免了。

東方朔一番反彈琵琶終於救了乳母。

在一些廣告宣傳中，用正話反說的方法可能會收到更好的效果。有一則宣傳戒菸的公益廣告，上面完全沒提到吸菸的害處，相反地，卻列舉了吸菸的四大好處：

一、節省布料。因為吸菸易患肺癌，導致駝背，身體萎縮，所以做衣服就不用那麼多布料。

二、可以防賊。吸菸的人常患氣管炎，通宵咳嗽不止，賊人以為主人未睡，便不敢行竊。

三、可防蚊蟲。濃烈的煙霧燻得蚊蟲受不了，只得遠遠地避開。

四、永保青春。不等年老便可去世。

這裡說的吸菸的四大好處，實際上是吸菸的害處，卻正話反說，顯得很幽默，讓人們從笑聲中悟出其真正要說明的道理，即吸菸危害健康。

正話反說的幽默技巧當然不只可以用到廣告宣傳中，在面對面的溝通中，這種幽默技巧也有廣泛的使用空間。

邱吉爾為了出席在官邸舉行的演講超速開車，以致被一名年輕警員逮住了。

「我是邱吉爾首相。」邱吉爾不慌不忙地說。

「亂說，你一定是冒牌貨！」警官這麼一說之後，大英帝國的首相道了歉。他說：「你猜對了！我就是冒牌貨！」

這樣一來，警官面露微笑，放過了這位世界上著名的偉人。

邱吉爾在一本正經表明身分的時候，被警官懷疑。然後，他就換了一種方式，正話反說，這樣反而使警官摸不清虛實，使得警官抱著一種「寧可信其有，不可信其無」的心態放過了他。

當我們需要表達內心的不滿時，也可以使用正話反說的幽默技巧，讓別人聽起來順耳一些。

傑克和他的情人想喝咖啡，但端上來的咖啡只有半杯，這時傑克笑嘻嘻地對咖啡店主人說：「我有一個辦法，保證叫你多賣出三杯咖啡，你只需要把杯子倒滿。」

傑克巧妙地運用正話反說的幽默來表達失望感，卻不致給對方帶來難堪。也許傑克並沒有喝到滿滿一杯咖啡，但傑克一定會得到友善、愉快的服務，咖啡店主人或許還會請傑克下次再光臨該店。

這種正話反說的幽默技巧不僅被現代人廣泛使用，其實古時的智慧者就已經能夠熟練運用這一技巧了。

秦朝的優旃是一個有名的幽默人物。有一次，秦始皇要大肆擴建御園，多養珍禽異獸，以供自己圍獵享樂。這是一件勞民傷財的事，但大臣們誰也不敢冒死阻止秦始皇。

這時能言善辯的優旃挺身而出，他對秦始皇說：「好，這個主意很好，多養珍禽異獸，敵人就不敢來了，即使敵人從東方來了，下令麋鹿用角把他們頂回去就足夠了。」秦始皇聽了不禁破顏而笑，並破例收回了成命。

優旃的話表面上是贊同秦始皇的主意，而實際則是說如果按秦始皇的主意辦事，國力就會空虛，敵人就會趁機進攻，而麋鹿用角是不可能把他們頂回去的。這樣的正話反說，因為字面上贊同了秦始皇，優旃足以保全自己；而真正的含義，又促使秦始皇不得不在笑聲中醒悟，從而達到了他的說服目的。

厚黑有理

在客客氣氣的社交談話中，直話直說是致命傷。一個人只有注意說話時的環境，做到正話反說，才能取得良好的說話效果，那些不看場合亂說話的人難免要碰釘子。

02 旁敲側擊點到爲止

李宗吾在《厚黑學》中再三申明：「用恐字的時候，要有分寸，如用過度了，大人們惱羞成怒，作起對來，豈不就與自己的宗旨大相違背？這又何苦乃爾，非到無可奈何的時候，恐字不能輕用。」

其實，在想方法去觸動對方心靈時，不一定非冒很大風險，我們可以採用一個低風險的策略——「旁敲側擊」。

旁敲側擊，抓住對方的一些「要害」，要隔層紙，不一語點破，點到為止，對方的心理防線無形之中就會被攻破。

裴曼是唐朝開元年間東都洛陽的一位將軍，劍法超群，沒有幾個人能超過他。

裴曼不僅劍舞得好，而且酷愛書畫。一次，他家有親人亡故，為表達對死者無盡的哀思，他想請人在天宮寺繪製一幅壁畫，一來為親人超渡亡靈，二來也暗合了自己的嗜好。於是，他遍訪各地，但一直未找到合適的畫師。事有湊巧。一日，他來到天宮寺，巧遇畫家吳道子和書法家張旭，裴曼高興得手舞足蹈。

他熱情地迎上前去，主動報上姓名，盛情邀請二位藝術家到一家酒店「便宴」。二位也不推辭，口呼「幸會」，腳也毫不猶豫地邁向酒店。

席間，裴曼虛心請教畫壇之事。吳道子像是遇到知己，大談起畫壇境況。裴曼直點頭，大叫深刻、精闢，很受啟發。

酒過三巡，裴曼道出了自己的心事，並分別給二位送上玉帛十匹、紋銀百兩，作為作畫、題字的酬禮。

哪知二位藝術家笑意全消，立刻冷若冰霜，拂袖而去。

裴曼見狀，心想大概是兩位藝術家嫌這些報酬太低，有辱「大師」名聲，給他們如此微薄的報酬，太少、太不像話了吧。

他立即帶著痛改前非的誠懇表情攔住二位，趕忙賠禮道歉：「二位先生莫嫌錢少，我這是分期付款。等畫作好之後，我再補齊。」

吳道子聽罷，怒從心起：「裴將軍不是太小看人了嗎？」說罷，氣呼呼轉頭就要走。

裴曼覺得十分難堪。他想，論社會地位，我不比你們低，我是將軍；論本事，也是各有所長，說不上誰高誰低。你畫畫得好，字寫得棒，我的劍術亦堪稱一流。今天我屈尊求畫，反在這公共場合受到冷落，好生尷尬。裴曼不由怒氣上升，一時難以壓下。

裴曼有個「毛病」，一怒就要舞劍。這大概是戰場上培養出來的條件反射。只見他脫掉孝服，拔劍起舞，身子左旋右轉，寶劍上下翻飛。吳、張二位看得津津有味，頻頻點頭。在場圍觀的遊人，個個嚇得目瞪口呆，竟都忘了叫好。

裴曼一邊揮劍狂舞，一邊口中念念有詞：「什麼大師！什麼書聖！畫聖！我看是欺世盜名，徒有其表！光會舞文弄墨，描些香草美人，於世道無補，甚至不能助我盡一份孝心……還不如咱手中這把劍，可以斬妖驅邪，換來人間太平。有能耐來呀，是騾子是馬拉出來遛遛！」

吳道子、張昶聽著，面面相覷，不禁汗顏。看罷舞劍，上前與裴曼長時間地熱情握手、擁抱。

「剛才不是我們故意使你難堪，實在是我們太厭惡銅臭。我們絕不為了錢而出賣藝術。」說罷，吳道子靈感大發，揮動如椽大筆，在畫壁上舞墨作畫，一氣繪成了一幅巨型壁畫。這就是吳道子平生最得意的《除災滅患圖》。

交談中，難免要試圖使他人接受自己的建議或意見，如果此時說話不當，有時別人並不應允，如果運用直截了當的請人辦法，他們也會一再地拒絕，在這種情況下，巧用側面突襲則會起到平時難以起到的作用。

李宗吾認為，給點提示，由對方自己推想後果，可以達到很好的「旁敲側擊，觸動心靈」的目的。因為，結論不是你強加對方的，一切都是水到渠成，不由得對方不相信。

楚靈王於周景王七年召開諸侯大會後，為了向各諸侯國展示自己兵力強盛，兩次攻打吳國，但都沒有成功。於是大興土木，欲以物力誇示於諸侯。他修建了一座宮殿，名叫章華宮，占地四十里，非常雄偉。周景王十年楚國邀請魯昭公前來祝賀章華宮落成。

前去邀請的大夫啟疆說：「魯國國君開始還不肯來，我再三向他敘說他與我國大夫嬰齊的舊情，又以討伐相威脅，他害怕被攻打才來的。魯君對禮儀很熟悉，願主公多多留意，不要被魯人笑話。」

楚靈王問：「魯君相貌如何？」

大夫啟疆說：「白面皮、高身材，留著一尺多長的鬍子，可謂一表人才。」楚靈王暗中選了十名大漢，都留著長鬍子，讓他們學習魯國的禮儀，作為魯昭公的陪同。魯昭公乍見之下，十分吃驚。又見章華宮華麗壯觀，誇讚之聲不絕於耳。

楚靈王十分得意，問：「貴國亦有這樣的宮殿嗎？」

魯昭公忙躬身回答：「敝國小得很，比不上貴國萬分之一。」

楚靈王更得意洋洋，遂下令在章華宮中宴請魯昭公。宴畢，楚靈王一時興起，便將楚國兵庫中的鎮庫寶弓，一只名為「大屈」的弓贈給魯昭公。第二天，楚靈王酒醒後就後悔了，他捨不得此弓被別人拿走。

啟疆說：「主公放心，我能使魯君把此弓還給您。」

啟疆到公館拜訪魯昭公，假裝不知道這件事，對魯昭公說：「我國國君昨日宴請時，贈給君王什麼東西沒有？」

魯昭公拿出了大屈弓。

啟疆見了，佯裝畢恭畢敬的樣子，向魯昭公祝賀。魯昭公說：「一只弓有什麼值得祝賀的。」

啟疆說：「這只弓可謂名揚天下，齊、晉、越三國，都曾派人來索求它，我國國君都未答應。現在把這弓贈給君王，他們三國，將向貴國索求了。貴國應加強防禦，小心地保護著這只寶弓。這還不值得祝賀。」

魯昭公說：「我不知道這是只寶弓。要知道這樣，怎敢接受呢？」於是，便把大屈弓還給楚國。

厚黑有理

側面突襲，務必找到能擊中對方的要害，迫使他就範。在李宗吾看來，啟疆所用的就是「旁敲側擊」之法，巧妙地利用寶弓的名氣與大國的實力，表面上是在恭維魯昭公，而實質上卻是在嚇唬他，從而達到為楚靈王「要回大屈弓」的真實目的。

03 又打又拉，唱好紅白臉

在京劇裡，演員面部化妝，以各種人物不同，在臉上塗有特定的譜式和色彩以寓褒貶。其中紅色表示忠勇，白色表示奸詐。不同的臉譜顯示了不同的角色特徵。關係學中紅白臉相間借用京劇臉譜的名稱，但它要比京劇中的臉譜複雜得多。它是寬猛相濟、恩威並施、剛柔並用的綜合，是一種高級厚黑術。

高明的厚黑之人深諳此理，為避此弊，莫不運用紅白臉相間之策。有時兩人連檔唱雙簧，一個唱紅臉，一個唱白臉；有更高明者，可像高明的演員，根據角色需要變換臉譜。今天是溫文爾雅的賢者，明天變成殺氣騰騰的武將。歷史上不乏此類高手善用此法之例證。

三國時期，蜀國南方諸夷發動叛亂。蜀相諸葛亮深知南中之事，不僅關係到蜀漢後方的穩定，同時也關係到北伐大業，就下決心親自率軍遠征。

此次出兵，諸葛亮兵分三路，沿途平定零星叛軍，主力行至益州郡。孟獲為叛軍頭領，為少數民族首領，在南中地區很有威信和影響。當諸葛亮聽說孟獲不但作戰勇敢，而且在南中各個地區的部族人民中很有威望，想到如果把他爭取過來，就會更好地解決少數民族和蜀漢政權的關係，消除南中時常叛亂的根源，會使蜀國有一個安定的大後方。

諸葛亮深知孟獲的個性，應以攻心為上，攻城為下；心戰為上，兵戰為下。不可專用武力，而應注意征服他們的心。於是，他決定唱一次紅白臉，下令只許活捉孟獲，不得傷害。

當蜀軍和孟獲的部隊初次交鋒時，諸葛亮授意蜀軍故意退敗，引孟獲追趕。孟獲仗著人多勢眾，只顧向前猛衝，結果中了蜀軍的埋伏，被打得大敗，自己也做了俘虜。當蜀軍押著五花大綁的孟獲回營時，孟獲心知此次必死無疑，便刁鑽使橫，破口大罵。誰知一進蜀軍大營，諸葛亮不但立即讓人給他鬆了綁繩，還陪他參觀蜀軍營寨，好言勸他歸降。孟獲野性難馴，不但不服氣，反而倨傲無禮，說諸葛亮使詐。諸葛亮毫不氣惱，放他回去，二人相約再戰。

孟獲回去之後，重整旗鼓，又一次氣勢洶洶地進攻蜀軍，結果又被活捉。諸葛亮勸降不成，又一次把孟獲送出大營。孟獲是個強脾氣，回去又率人來攻並同時改變進攻策略，或堅守渡口，或退守山地，卻怎麼也擺脫不了諸葛亮的控制。一次又一次遭擒，一次又一次被放。

到了第七次被擒，諸葛亮還要再放他走，孟獲流著淚說：「丞相對我孟獲七擒七縱，可以說是仁至義盡，我打心裡佩服，從今以後，我絕不再提反叛之事。」

結果，諸葛亮唱的這次紅白臉使孟獲回去之後，說服各個叛亂部落全部投降，南中地區重新歸屬蜀漢控制。自此，蜀國的大後方變得穩定，南方各族人民也得以休養生息，安居樂業。

統治者需應付的事，需對付的人各式各樣，所以，只有一手是不行的。紅白臉相間也就是一文一武、一張一弛，既有剛柔相濟，又恩威並施，各盡其用。

任何一種單一的方法只能解決與人相關的特定問題，都有不可避免的副作用。對人太寬厚了，便約束不住，結果無法無天；對人太嚴格了，則萬馬齊喑，毫無生氣，有一利必有一弊，不能兩全。

最善用紅白臉相間術的高手要數清朝的康熙皇帝了。清初，漢族作為一個被征服的民族，政治地位非常低下，備受滿族人歧視。這種民族歧視的存在，使不少漢族官員心懷怨恨，苟且推諉，不肯盡心為朝廷效力。

康熙為了安撫漢族官員，從形式上消除了明顯的歧視，一再聲稱「滿漢皆朕之臣子」，宣佈「滿漢一體」劃一品級，滿漢大小官員只要職位相同，其品級也就相同。官員的一視同仁極大地減少了漢族官員的不滿。康熙還大批任用漢官擔任封疆大吏。

康熙對他所信任的漢族大臣，往往也能推心置腹，深信不疑。康熙曾非常信任儒臣張英，幾乎到了形影不離的地步，經常在一起討論一些軍國大計以及生活瑣事，時人評論說他們「朝夕談論，無異生友」。康熙還強調「君臣一體」，時而還邀請漢族大臣到禁苑內和他一起遊玩、垂釣。受邀請的大臣自然將此視為莫大的榮幸，從而對康熙更忠心耿耿了。

但是，康熙對漢族官僚士大夫、知識份子也還有防範和高壓的一手。他經常用一些心腹之人監視地方官吏和當地人民。他們這些人不斷用密折向康熙報告各地的民情和官場情況，督撫等大員的舉動更是監視的重點。

殘酷無比的文字獄就是起始於康熙年間。明朝滅亡後，有不少的明朝遺民對清政權表示不滿，他們使用種種手段發洩對清政權的不滿，其中發表文章是一個十分重要的方式。康熙對他們採取了極其嚴厲的鎮壓措施，從清查對清朝不滿的明朝遺民開始，在全國展開了大規模的搜捕活動。許多人因此而被株連，成千上萬的人被投入監獄，甚至死去的人也未能逃脫處罰。一時間恐怖氣氛瀰漫全國，人人噤若寒蟬不敢稍微流露一點對朝廷的不滿。

作為一個少數民族君主，康熙是中國歷史上一位很有作為的皇帝，他英明果斷、文武雙全。對漢族士大夫知識份子實行的是恩威並施，又拉又打，以拉為主，而又加以防範的政策。這才制止了漢族士大夫們的分裂傾向，從而鞏固了清朝的統治基礎，保證了國家的長治久安。在他的治理下，清朝迅速強盛起來，進入鼎盛的康乾盛世時期。

康熙就是靠著人才濟濟的智力優勢，也靠著他本人紅白臉相間的韜略雄才，做起了中國歷史上最偉大的好皇帝。

厚黑有理

明智的上司和明智的下屬都應明白：這畢竟是策略和手段，是誰都可以使用的，究竟誰更高明那得看誰更會唱紅白臉了，一切都是一齣戲而已。

04 放長線釣大魚

「放長線方能釣大魚」首先表現了時間上的延長和速度上的放慢。在李宗吾看來，說服對方合作的過程事實上是一個雙方心理較量的過程，而這種時間上的延長和速度上的放慢，其目的正是在「延長」和「放慢」中實現主動權的轉換，以便在這種較量中取得優勢地位。因此，運用「放長線方能釣大魚」這一說話辦事技巧時，一定要懂得「急功近利，欲速則不達」的道理。

善於放長線釣大魚的人，看到大魚上鉤之後，總是不急著收線揚竿，把魚甩到岸上。因為這樣做，到頭來不僅可能抓不到魚，還可能把釣竿折斷。他會按捺心頭的喜悅，不慌不忙地收幾下線，慢慢把魚拉近岸邊；一旦大魚掙扎，便又放鬆釣線，讓魚遊竄幾下，再慢慢收釣線。如此一收一放，等到大魚筋疲力盡、無力掙扎時，才將它拉近岸邊，用提網撈上岸。

求人辦事也是一樣，如果逼得太緊，別人反而會一口回絕你的請求。只有耐心等待，才會有成功的喜訊。

有一位小企業的董事長，他就是一個辦事有「手腕」的人，他為了能夠長期承包電器公司的工程，常對公司的重要人物施以小恩小惠，因而他的業務不斷。而且，他不僅奉承公司要人，對公司的年輕職員也殷勤款待，這使他贏得了許多優秀的人才。

事前，他想方法將電器公司中各員工的學歷、人際關係、工作能力和業績，做一次全面的調查和瞭解，認為這個人大有可為，以後會成為該公司的要員時，不管他有多年輕，都盡心款待。這位董事長這樣做的目的是為日後獲得更多的利益做準備。

這位董事長明白，十個欠他人情債的人當中有九個會給他帶來意想不到的收益。他現在做的雖是「虧本」生意，但日後會連本帶利地收回。

所以，當他自己所看中的某位年輕職員晉升為科長時，他會立即跑去慶祝，贈送禮物。同時還邀請他到高級餐館用餐。年輕的科長很少去這類場所，因此對他的這種盛情款待也倍加感動，心想自己從前從未給過這位董事長任何好處，並且現在也沒有掌握重大交易的決策權，這位董事長真是位大好人！無形之中，這位年輕科長就產生了一種感恩圖報的意識。

正在受寵若驚之際，這位董事長卻說：「我們公司能有今日，完全是靠大家的幫忙，因此，我向你這位優秀的職員表示謝意，也是應該的。」這樣說的用意，是不想讓這位職員有太大的心理負擔。

這樣，當有朝一日這些職員晉升至處長、經理等要職時，還會一直記得這位董事長的恩惠。在生意競爭十分激烈的時期，許多承包商紛紛倒閉，而這位董事長的公司卻仍舊生意興隆，其原因就在於他平常關係投資多。

這位董事長「放長線」的手腕，確實有「老薑」的「辣味」，但這也表示了，人在交友辦事時要有長遠的眼光，儘量少做臨時抱佛腳的買賣，要注意有目標的長期感情投資。同時，放長線釣大魚，慧眼識英雄，這樣才不至於將心血枉費在那些中看不中用的庸才身上，日後收不回本。

在李宗吾看來，在運用厚黑術的過程中，如果能克服「急功近利，欲速則不達」的心理，不僅可以建立信譽，也可以逼人就範。運用「放長線方能釣大魚」的說話辦事技巧，最大的好處是使對方摸不清你的用意。

某家裡來了貴客，父親叫兒子去附近小店買一瓶高粱酒。待酒買回，父親發現酒是假貨。於是便把酒抱在懷裡，去了小店。

這位父親不急於興師問罪，而是讓店主拿過一瓶高粱酒來，仔細看了很久，然後自言自語地說：「這年頭假貨太多了。不知道這瓶酒是不是假的！」

店主說：「你放心，我這店裡絕對沒有假貨！」

這位父親依舊嘆息：「唉，我上次在市中心一家店鋪裡買了一瓶。店主也向我打包票說絕對不是假的。誰知打開來一喝，你猜是什麼，是二十幾塊的米酒加水。」

「你怎麼不去找他。」店主說。

父親苦著臉說：「已經過了好幾天，打開瓶喝時才發現的，太晚了，這時去找他，他會認帳嗎？」

店主惋惜道：「你當時發覺就好了，他敢不認帳？」

「要是當時發覺他不認帳，我又能怎麼辦呢？」父親認真請教。

店主指教說：「找警察去呀！人贓俱獲，他敢不認帳，他敢不退嗎？」

見時機已到，這位父親朝躲在一邊的兒子一招手，從懷中取出那瓶假高梁酒來：「那好！你看該怎麼辦吧！」

厚黑有理

在李宗吾看來，這位父親在這裡使用放長線釣大魚的手法，達到了一種「請君入甕」的效果。

這樣做的好處，就是在說話中自己已掌握了足以成功的有力證據，但卻因為時機不成熟或因環境不適宜而不便拋出，為此，採取一些措施，一步步地把話說出來，以達到自己的目的。

05 以黑制黑，巧設圈套請君入甕

李宗吾認為，如果對方總想高人一等，壓人過頭，而且蠻橫無理，強詞奪理，為了佔據有利地位，他們甚至用荒謬的理由、毫無根據又極具挑釁性的提問來反對你。面對這樣的對手，如果過於強硬，對方一定不會合作，甚至會激發衝突；如果你過於軟弱，對方一定不會把你放在眼裡。最好的應變方法，就是有理、有力、有節地運用「針鋒相對，以牙還牙」的說話技巧來表明自己的態度。

有一個吝嗇的老闆叫夥計去買酒，夥計向他要錢，他說：「用錢買酒，這是誰都能辦到的，不花錢買酒，那才是有能耐的人。」

一會兒，夥計提著空瓶回來了。

老闆十分惱火，責罵道：「你讓我喝什麼？」

夥計不慌不忙地回答說：「從有酒的瓶裡喝到酒，這是誰都能辦到的；如果能從空瓶裡喝到酒，那才是真正有能耐的人。」

顯然，老闆想不花錢喝酒的言行是不適當的，而如果夥計不知如何機智應對的話，或者可能遭到老闆的嚴厲斥責，或者自己貼錢給老闆買酒。

生活中我們經常遇到無理的提問，這種場面往往讓人很窘迫，這時你必須使點「厚黑口才」，學習些應對的方法和技巧，你就會如魚得水，得心應手地化解尷尬的場景，從而把自己從窘境中解救出來。

在李宗吾看來，在交談中別人的挑釁往往是剎那間的，如果缺乏鎮靜，那只能是手足無措，唯唯諾諾聽之任之。如果能在心理上保持平衡與穩定，神色不改，鎮靜自若地面對出現的問題，就有可能巧妙機智地應付過去。

例如，春秋時期，楚國一天比一天強大起來，為了改善關係，齊王派晏嬰出使楚國。晏嬰到達楚國，楚王就傳令楚人，儘量羞辱晏嬰。見晏嬰過來了，前來迎接的禮賓官員命令士兵打開城門旁邊的側門。

晏嬰站在正門前，士兵指了指小門說：「先生，您請進吧！」

晏嬰冷蔑地笑了笑說：「這純是狗門！出使狗國的人，才走狗門！」

楚國官員反被羞辱了一通，只好命令士兵把正門敞開。

楚王接見了晏嬰，不屑一顧地問：「難道齊國沒有人了嗎？」

晏嬰誇張地說：「我的故國齊都，名喚臨淄，說大，確實不大，只有幾百閭人家，但是，如果每個人都把袖子甩開，能蓋住太陽！如果每個人揮一把汗水，無異於下一場大雨！國都的大路上，人如潮湧，怎能說沒人呢？」

楚王又接著冷嘲道：「齊國既然人多勢眾，為什麼選你來出使我國呢？」

晏嬰接著楚王的話說道：「是的，誠如大王所說，齊國派出使者，是經過謹慎選擇的：水平高的，出使上等國家；水平低下的，出使下等國家。我晏嬰水平不消說了，只好出使到貴國來了。」

楚王本想羞辱齊國使者晏嬰，卻反倒被晏嬰所羞辱。其實，當涉及尊嚴的問題時，是絕不能讓步的。

在現實生活中，反駁別人的不適當言行可採用這樣一些技巧：

一、比對方更荒謬

一位記者向薩伊前總統蒙博托說：「你很富有。據說你的財產達三十億美元！」顯然，這一提問是針對蒙博托本人政治上是否廉潔而來的。

對於蒙博托來說，這是一個極其嚴肅而易動感情的敏感問題，蒙博托聽了後哈哈大笑，然後反問道：

「一位比利時議員說我有六十億美元！你聽到了吧？」

記者的提問顯然是認為薩伊前總統蒙博托不廉潔，但並沒直說，而是用引證的方式委婉地表達，蒙博托如果發脾氣，正顏厲色地駁斥，則既有失風度體面，又有「此地無銀三百兩」之嫌；心平氣和地解釋恐怕也行不通，謠傳的事情能夠三言兩語澄清真相嗎？

於是，蒙博托除了用「哈哈大笑」表示不屑一顧以外，還引用一位比利時議員的話來反問記者，似乎在嘲弄記者的孤陋寡聞，但實際上是以更大的顯然是虛構的數字來間接地否定了記者的提問。

二、委婉提醒

十九世紀義大利著名歌劇作曲家羅西尼對自己的創作非常嚴肅認真，非常注意獨創性，對那些模仿、抄襲行為深惡痛絕。

有一次，一位作曲家演奏自己的新作，特意請羅西尼去聽他的演奏。羅西尼坐在前排，興致勃勃地聽著，開始聽得蠻入神，繼而有點不安，再而臉上出現了不快。

演奏按其章節繼續下去，羅西尼邊聽邊不時把帽子脫下又戴上，接連好幾次。演奏者看到他奇怪的動作和表情，就問他：「這裡的演出條件不好，是不是太熱了？」

「不，」羅西尼說，「我有一見熟人就脫帽的習慣，在閣下的曲子裡，我碰到那麼多熟人，不得不頻頻脫帽了。」

藝術貴在獨創，這樣才能形成帶有個性特徵的風格乃至形成流派；抄襲與模仿，則只能在藝術巨匠的濃蔭中苟且偷生，毫無建樹。因此，要反對單純的模仿，更要杜絕抄襲行為。十九世紀義大利著名歌劇作曲家羅西尼對模仿、抄襲行為的深惡痛絕源於此。然而，直接的指責恐怕會使對方十分難堪，羅西尼便用體態語言及其說明來委婉地表示「在閣下的曲子裡我碰到那麼多熟人」，言外之意是你抄襲了他們的作品。雖然沒有明說，那位作曲家的臉一定會漲得通紅！

三、針鋒相對

有一位女作家寫完了一部長篇小說，發表後引起轟動，一時成為最暢銷的熱門書。有個評論家曾向女作家求婚遭到拒絕，懷恨在心，經常在評論中旁敲側擊地貶低這個女作家的才華。有一次文學界舉行聚會，許多人當面向女作家表示祝賀，稱讚其作品的成功。

女作家一一表示感謝。忽然，那位評論家分開眾人，擠到前面，大聲向女作家說道：「您這部書的確十分精采，但不知您能否透露一下祕密。這本書究竟是誰替您寫的？」

女作家還陶醉在眾人的讚揚聲中，冷不防他竟會提出這樣的問題，就在她一愣的剎那，已有人偷偷發笑了。女作家立即清醒地估量了形勢，問題以外的爭吵於己不利，她馬上鎮靜下來，露出謙和的笑容，對評論家說道：「您能這樣公正恰當地評價我的作品，我感到十分榮幸，並向您表示由衷的感激！但不知您能否告訴我，這一本書是誰替您讀的？」

評論家的問話，用意十分明顯；而女作家的反問，同樣針鋒相對，言下之意是說：「你從來不認真讀別人的作品，所做的評論無非信口雌黃。連書都不讀的人，有什麼資格做評論！」巧妙的反問，使評論家陷入了十分狼狽的處境。

厚黑有理

在李宗吾看來，自以為了不起的人，別看他們張牙舞爪、趾高氣揚，其實他們非常無知，有的甚至是不學無術之流。對於這種人只要你抓住了機會，找準部位，以牙還牙、針鋒相對就一定能打敗他們。

▶ 提防小人：職場厚黑心理學

（讀品讀者回函卡）

■ 謝謝您購買這本書，請詳細填寫本卡各欄後寄回，我們每月將抽選一百名回函讀者寄出精美禮物，並享有生日當月購書優惠！
想知道更多更即時的消息，請搜尋"永續圖書粉絲團"

■ 您也可以使用傳真或是掃描圖檔寄回公司信箱，謝謝。
傳真電話：（02）8647-3660　　信箱：yungjiuh@ms45.hinet.net

◆ 姓名：＿＿＿＿＿＿＿＿＿＿　□男　□女　　□單身　□已婚

◆ 生日：＿＿＿＿＿＿＿＿＿＿　□非會員　　□已是會員

◆ **E-mail**：＿＿＿＿＿＿＿＿＿＿　電話：(　)＿＿＿＿＿＿

◆ 地址：＿＿＿＿＿＿＿＿＿＿＿＿＿＿＿＿＿＿＿＿

◆ 學歷：□高中以下　□專科或大學　□研究所以上　□其他＿＿＿＿

◆ 職業：□學生　□資訊　□製造　□行銷　□服務　□金融
□傳播　□公教　□軍警　□自由　□家管　□其他＿＿＿＿

◆ 閱讀嗜好：□兩性　□心理　□勵志　□傳記　□文學　□健康
□財經　□企管　□行銷　□休閒　□小說　□其他

◆ 您平均一年購書：□ 5本以下　□ 6～10本　□ 11～20本
□21～30本以下　□ 30本以上

◆ 購買此書的金額：＿＿＿＿＿＿

◆ 購自：□連鎖書店　□一般書局　□量販店　□超商　□書展
□郵購　□網路訂購　□其他

◆ 您購買此書的原因：□書名　□作者　□內容　□封面
□版面設計　□其他

◆ 建議改進：□內容　□封面　□版面設計　□其他＿＿＿＿＿＿

您的建議：

剪下後傳真、掃描或寄回至「22103新北市汐止區大同路三段194號9樓之1讀品文化收」

2 2 1-0 3

新北市汐止區大同路三段 194 號 9 樓之 1

讀品文化事業有限公司 收

電話/(02)8647-3663　　傳真/(02)8647-3660

劃撥帳號/18669219　　永續圖書有限公司

請沿此虛線對折免貼郵票或以傳真、掃描方式寄回本公司，謝謝！

讀好書品嚐人生的美味

提防小人：職場厚黑心理學